쉬는 마음

역자 소개

추선희

경북대학교 사범대학 영어교육과를 졸업하고 영남대학교 심리학과 박사과정을 수료했다. 번역서로 《처음 만나는 명상레슨》《긍정심리학 : 이론 연구 및 적용》(공역) 《치매예방과 뇌장수법》(공역) 등과 수필집 《명함》이 있다.

쉬는 마음 : 늘 바쁜 이들에게 들려주고 싶은 52가지 심리학 이야기

발 행 일 | 2013년 12월 10일 초판 1쇄 발행
저　　자 | Joan Z. Borysenko
역　　자 | 추선희
발 행 인 | 구본하
발 행 처 | 도서출판 박학사
주　　소 | 서울시 마포구 서교동 460-26 동아빌딩 2층
전　　화 | (02)3142-3764~5
팩　　스 | (02)3142-3766
웹사이트 | www.pakhaksa.co.kr
등록번호 | 제10-2230호

정가 12,000원　　ISBN 978-89-98521-10-3

쉬는 마음 : 늘 바쁜 이들에게 들려주고 싶은 52가지 심리학 이야기

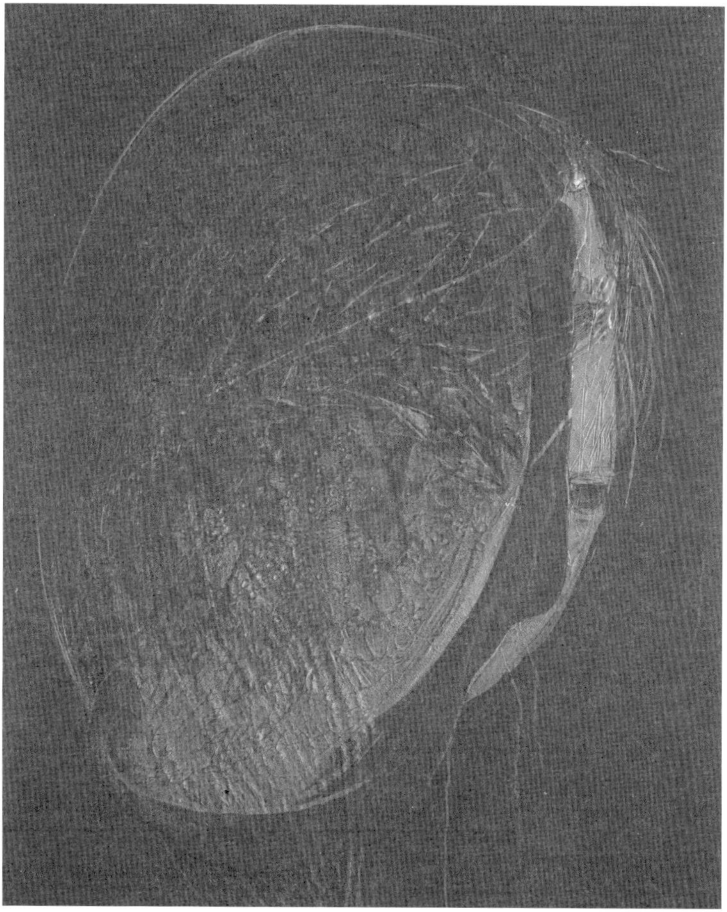

박학사

Joan Z. Borysenko 지음 | 추선희 옮김

CONTENTS

3 PART 시간과의 관계를 변화시키는 법

4 PART 마음을 다스리는 법

5 PART 자비, 친절, 명확한 소통을 향상시키는 법

6 PART 삶의 지혜와 목적을 갖는 법

●감사의 글

한 아이를 키우는 데 온 마을이 필요하다면 책 한 권을 쓰는 데에는 온 세상이 필요하다. 한 작가의 지혜와 통찰은 실로 많은 이들이 준 선물인 것이다. 나는 여기서 언급하는 이들을 포함한 여러 동료들과 더불어 연구의 즐거움을 누렸다.

Oprah의 코칭팀 수장인 Cheryl Richardson은 멋진 친구로 나에게 많은 영감을 주었다. 그녀는 진정 현실적인 충고의 원천으로서, 목표에 도달하기 위해서 작은 단계를 거쳐야 한다는 그녀의 주장은 이 책을 관통하는 강력한 맥락이다. 우리가 함께 진행했던 애리조나 투손에서의 수련 중에 말 체험이 없었다면 내가 가르치려는 것의 핵심을 찾지 못했을 것이다.

작가이자 유머리스트이자 텔레비전 단골 출연자인 친구 Loretta LaRoche에게 고마움을 표한다. 그녀의 유머감각은 인지심리학에 대한 그녀의 지식보다 더 빛난다. 그녀의 모든 기고문을 언급하고자 했으나 혹여 그녀의 멋진 이야기를 일부 빠뜨리지 않았는지 모르겠다. 나는 갱년기에 접어든 탓인지 요즘 잘 잊어버리곤 한다.

Janet Quinn은 지혜와 친절함의 본보기이다. 간호사이면서 교수, 심리치료사, 연구자이기도 한 그녀는 치료적 접촉 분야의 개척자로서 내가 아는 한 가장 자애로운 사람이다. 그녀는 나에게 사랑을 가르치는 스승이자 내 삶의 가장 확실한 축복 가운데 하나이다. 이 책에는 낙타에 대한 그녀의 지혜로운 이야기가 나오며 또한 나의 성장에 소중한 거름이 된 그녀와의 우정이 면면히 흐른다.

작가이자 Lionheart Foundation의 책임자인 친구 Robin Casarjian은 용서에 관한 나의 스승으로 이 책에 나오는 용서에 대한 내용은 모두 그녀의 선물이다. Robin의 사랑과 지지는 힘든 시기를 지날 때 나를 지탱해주었으며 언제나 기쁨의 샘이었다.

친구이자 Gathering of Women 수련회의 동료인 Elizabeth Lawrence는 그림자와 같다. 우리는 Loretta, Janet, Robin과 함께 오랫동안 작업하면서 서로 많은 것을 나누어 때로 서로의 지혜가 구분되지 않을 정도다. 나는 이 책과 나의 삶에 있어서 나를 지지하고 사랑해준 그녀에게 늘 고마움을 느낀다.

작가이자 매사추세츠 의대의 The Center of Mindfulness in Medicine, Health Care, Society의 책임자인 Jon Kabat-Zinn은 1980년대에 나에게 스트레스 감소의 중요한 요소인 마음챙김의 세계를 처음 소개하였다. 나의 삶은 그의 지혜로 더 풍요로워졌는데 이는 그가 미국 등 세계 곳곳에 퍼뜨린 마음챙김 스트레스 감소 및 이완 프로그램에 참가한 수 천 만의 삶에도 마찬가지다.

심리학자 Chris Hibbard와의 우정과 동료애, 심신의학에 대한 공통된 관심사, 또한 단체를 만드는 그녀의 놀라운 능력은 나의 일과 삶에 축복을 더하였다. Donna Goldstein 박사는 내가 우물을 다시 채울 수 있도록 도와주었다. 감사하다.

Celia Thaxter Hubbard는 영적인 반향판이었고 나의 어머니가 돌아가시자 어머니가 되어주었으며 자애로운 친구이자 여러 모험의 동반자이다.

이 책의 출간의 영광을 헤이 출판사의 부회장인 Reid Tracy에게 돌린다. 수 년 간에 걸친 그의 지지와 믿음, 새로운 모험에의 적극적인 의지를 지켜본 나는 그를 나의 수호천사라 부른다. 그의 친절과 노력 덕분에 나는 이 책의 제목과 같은 이름을 단 Public Television Pledge Special을 만들 기회를 갖게 되었다. 이 책의 패키지를 구성하는 책과 특별판, Don Campbell과 함께 만든 음악 CD는 모두 Reid 덕분이다.

나의 출판 대리인 Ned Leavitt에게 감사를 드린다. 그는 나의 여러 책과 프로젝트에서 귀중한 조언과 사랑과 이해로 나를 도와주었다.

이 책의 공중파 텔레비전 판의 제작자인 Niki Vettel은 예리하면서 친절하고 유머감각이 뛰어나다. 그녀는 내가 생각을 정리하고 책의 내용을 다듬는 것을 도와주었다. 그녀는 이야기의 효과를 보다 잘 지각하도록 하는 맑은 거울과 같았다. 또한 그녀는 그 책의 첫 독자였다. 그녀가 그 책을 좋아한다는 사실이 나에게 에너지를 북돋아주었다.

≪The Mozart Effect≫ 및 ≪The Mozart Effect for Children≫의

저자인 Don Campbell은 친구이자 멋진 음악가이다. 그는 이 책의 클래식 음반의 아이디어를 다듬었으며 바쁜 와중에도 열심히 애를 써주었다. 그는 Ralph Vaughan William의 작품인 The Lark Ascending을 나의 영혼의 노래로 여겼다. 멋진 음반을 만들어준 Spring Hill Media의 Bill Howardell은 대단한 능력을 가진 분으로 여러 모로 고마울 따름이다.

헤이 출판사의 편집자인 Jill Kramer와 함께 일하는 것은 늘 즐겁다. 위대한 편집자는 거친 조각품을 예술로 변화시키는 보이지 않는 손이다. 그녀의 노고에 감사하다.

나는 나의 뛰어난 조력자인 Luzie Mason에게 깊은 고마움을 느낀다. 그녀는 모든 일에 최선을 다해 도와주었다. 또한 다른 조력자인 Kathleen Gilgannon, Amelea Schreber, Nancy Mason에게도 감사를 표한다. 이 모든 것이 여러분들 덕분이다.

(저자의 말: 이름이 인용부호로 표시되지 않은 이야기는 그들의 허락 하에 사용되었다. 자신의 삶의 이야기를 나누어준 모든 분들에게 감사를 포한다. 이름만 인용부호로 표시된 이야기는 사실이지만 비밀보장을 위해 이름과 세부 사항을 바꾸었거나 여러 이야기를 조합한 것이다. 후자일 경우 어떤 특정인의 경험은 아니지만 교육적 취지에서 본다면 진실이다.)

● 들어가는 글

나는 개와 사람 수가 비슷한 콜로라도의 한적한 산골 마을에 살고 있다. 귀여운 말티즈부터 우아한 콜리까지 나의 네 마리 애완견은 그곳의 동물세계의 일부이다. 그들은 가문비나무와 소나무가 빽빽한 황야 속을 달리고 겨울 눈 위에서 서로 쫓아다니며 여름 야생화가 만발한 숲에서 공이나 막대기를 물고 오는 것을 좋아한다. 바퀴자국이 선명한 먼지 나는 도로에는 지나다니는 차가 거의 없어 곰이나 여우, 심지어 사자까지도 가끔 거리를 어슬렁거린다. 아마 당신은 이런 데 사는 여자가 분주한 세상에서의 마음의 평화에 대해 무얼 알겠는가라고 생각할지 모르겠다.

우선 말하고 싶은 것은 나는 일 년에 약 150일을 여행 중이라는 사실이다. 비행기와 교통체증, 세미나와 외로운 호텔 방, 그리고 컴퓨터가 악마로 변해 이메일을 꿀꺽 삼켜버리는 일 가운데서 평화는 연기처럼 사라진다. 나는 두 아들을 둔 엄마이자 8살 손자 알렉스를 둔 할머니로서 몹시 바쁜 사람이다.

산에서 살기 전 나는 하버드 의대에서 의학박사 학위를 받았고 박사

후 과정도 마쳤다. 임상심리학자인 나는 1980년대 초 그 지방의 최초의 심신클리닉 중 하나를 개원했으며, 암 연구를 하고, 면역계와 건강, 질병에 미치는 정서의 영향을 연구하였다. 나는 Tufts Medical School의 해부학 및 세포생물학의 조교수이자 하버드 의대의 강사이다. 나는 수년 간 심리학자로서 개인적 수련을 거쳤으며 요가와 명상을 가르쳤고 열 권의 책을 저술하고 건강, 치유, 영적 성장에 관한 오디오카세트 시리즈물을 제작하고 사업을 키워나갔으며 상담가와 강연가로서 적극 활동하고 있다. 이런 것을 말하기만 해도 숨이 찰 지경이다.

나는 엄마노릇, 결혼생활, 직업생활이 수월한 척 하고 싶지 않다. 실제로도 쉽지 않았다. 하지만 내가 대학원생이었을 때 떼로 몰려든 일련의 심각한 스트레스 관련 질병으로 말미암아 내면의 평화에 대한 교훈을 얻게 되었고 그 이후의 시간은 보다 편해졌고 보람되었다. 거의 25년 동안 나는 편두통과 위경련, 기관지염과 폐렴을 일으키는 면역장애로 고생했었다. 마음을 다스리는 몇 가지 간단한 기술을 알고 몸을 이완시키는 요가를 시작한 육 개월 동안 그러한 질병이 완화되었고 나는 마음과 몸의 연관성을 깊게 믿게 되었다.

그 후 세상은 점점 분주해지고 복잡해졌다. 텔레비전 채널은 점점 더 많아지며 인터넷은 사람들을 통째로 삼키는 형국이 되었다. 대중매체가 누구에게나 좋은 차와 게임기와 멋진 식당에서의 식사가 필요하다고 부추키는 세상에서 많은 미국인들이 빚에 허덕이고 있다. 젊은이의 32% 정도는 네 장 이상의 신용카드를 지니고 있고 재정을 꾸려가

느라 고군분투하면서 자신들의 부모가 젊었을 때보다 훨씬 더 바쁘게 살고 있다.

코미디언 George Carlin이 서점 점원에게 자기계발서 서가가 어딘지를 물었더니 점원이 말해주길 거절했다고 하면서 빈정거렸다. 그럴 필요가 없이 마룻바닥의 닳은 자국만 따라갔어도 가능했을 것이다. 미국에서는 2000년도에 자기계발서에 563백만 달러가 소비되었다. 조금도 놀라운 일이 아니다. 세 사람 중 한 사람은 피곤한데도 잠들지 못하는 수면장애에 시달린다. 우리는 불안하고 근심이 많은 문화 속에 존재하고 있다. 1990년에서 1997년 사이 내원환자 수는 31% 증가하였다. 공황장애 환자는 두 배로 증가되었다. 미국인의 약 12%가 우울을 앓고 있으며 10.2%는 만성적인 '기분 저하'를 갖고 있다. 기초 진료 내원의 70~90%는 스트레스로 인한 것이다. 이보다 훨씬 더 많은 환자가 통계에 잡히는 병원 이외의 곳에서 고생하고 있다. 하지만 당신이 통계치 안에 들 필요는 없다.

우리는 날마다 스트레스를 겪느냐 평화를 누리느냐는 선택을 해야 한다. 내면의 평화를 갖기 위해서 날마다 몇 시간씩 수련을 해야 하는 것은 아니다. 물구나무를 서거나 단전을 바라볼 필요가 없다. 필요한 것이라고는 약간의 의지와 상식이다. 삶이란 '바빠 미치겠다'라고 투덜대면서 하찮은 일을 끝없이 처리해야 하는 시간이 아니라 음미할 가치가 있는 소중한 선물인 것이다. 당신이 실천해야 하는 목록은 사라지는 것이 아니라 당신이 죽고 난 이후에도 오랫동안 살아있는 것이다.

이 책에 나오는 52가지의 교훈은 현재 순간에 더 많은 기쁨과 용기, 친절함과 현명함, 평화로 존재하기 위하여 누구라도 할 수 있는 소박한 것들이다. 이 책을 활용하는 가장 좋은 방법은 처음부터 끝까지 읽어 전반적인 주제에 대한 감을 가진 다음 다시 각 장으로 돌아가 일주일에 한 가지씩 실천해보는 것이다. 사랑하는 누군가와 함께 당신의 의도와 진행 상황을 함께하면 보다 쉽고 즐겁게 변화할 것이다. 친구나 배우자, 혹은 자녀에게 읽어주고 이야기를 나누어보아라. 또는 내면의 평화에 대한 소모임을 만들어서 이 책을 지침서로 활용하고 서로의 발전 상황을 점검해보아라. 그렇게 하면 더 친밀감을 느끼고 사랑과 이해 안에서 성장하게 될 것이다. 단순한 교훈을 적용할 때 일어나는 변화는 당신이 상상하는 것보다 훨씬 더 빠를 것이다.

달라이라마가 자주 말하듯 우리의 주된 목적은 고통을 피하고 행복해지는 것이다. 모든 분야의 자기계발의 목적은 바로 이것이다. 앨버트 아인슈타인은 언젠가 이렇게 말했다. "삶은 단순하지만 쉽지 않다." 나는 내가 이 책에 나오는 과학과 이야기, 심리학 및 위대한 영적 전통에서 온 지혜의 통합을 통해 그 단순한 삶을 받아들여 쉽게 만들었기를 바란다. 나머지는 당신에게 달려있다.

내가 이 책을 처음 본 것은 몇 해 전 뒤늦게 심리학 공부를 시작한 직후였다. 멀거나 가깝거나 심리학과 관련된 여러 책을 접하는 가운데 이 책을 읽으면서 저자인 보리셍코 박사의 생각과 느낌이 나와 무척 닮았다는 것에 여러 번 놀랐다. 마음과 몸의 연결성은 물론이고 자신의 고유한 세계와 여러 인간관계 사이에서 갈등하고 깨닫고 사랑을 일구어내는 그녀 삶의 여정에 나는 쉽게 동화되었다.

그 당시 조금 더 느리고 깊게 읽기 위하여 자판을 두드리며 번역한 원고가 이 책의 출발이다. 심리학 박사과정을 마친 후 나는 서재 한 귀퉁이에서 그 때 번역한 초고를 발견하고 기뻐 단숨에 다시 읽어보았다. 꽤 많은 시간이 흘렀지만 내용의 가치는 조금도 떨어지지 않았다. 오히려, 도시에서나 시골에서나 바쁘다는 소리가 더욱 많아진 이 분주한 세상에서 더 가슴에 닿았다. 무엇보다도 마음의 평화를 되찾기 위해 저자가 권유한 52가지 방법 중 몇 가지를 내가 여전히 실천하고 있다는 사실에 놀라고 흐뭇하였다. 처음 읽었을 때 나에게 큰 감동과 공감으로 와 닿았던 부분일 것이다.

좋은 책은 세월과 동행하며 깊어진다. 이 책이 그러하다. 그리하여 나는 책을 출간하고 싶어졌고 마침 인연이 닿은 박학사의 도움으로 이렇게 열매를 맺게 되었다. 감사할 따름이다. 엄청난 수의 자기 계발서가 범람하는 가운데 책 한 권을 더 보탠 것이 과욕인지 모르지만 어느 한 사람이라도 이 책의 한 구절로 마음에 파문이 일어 그 파문이 삶 전체로, 곁의 사람에게로 번지기를 바라는 마음으로 글을 다듬었다.

분주한 세상에서 마음이 평화롭기 위해 우리가 알아야 하는 것은 이 책에 나오듯 아주 단순하고 소박한 것들이다. 원래 중요한 것은 모두 그러한 듯하다. 읽는 분 모두 단순하지만 과학적이고 영적인 이 책의 장점을 흠씬 음미하기를 바란다. 각자의 내면 깊은 곳에 사리 잡고 있으면서 발견되기만을 기다리는 아늑하고 고귀한 평화를 찾기를 바란다.

PART 1

삶을 대하는 기본 마음가짐

Inner Peace For Busy People

01
느슨한 마음으로 보다 창조적으로 되라

내가 베스 이스라엘 디코니스 의료 센터Beth Israel Deaconess Medical Center에서 스트레스장애 프로그램인 심신 임상 프로그램Mind/Body Clinical Programs을 감독할 당시, 참가자 대부분은 고위직 관리였다. 그들은 가벼운 심장 발작이나 암 때문에 마지못하여 나를 찾아온 사람들로서 마음이 지닌 치유력을 사용하고 싶어했다. 하지만 이완하는 법을 배우고 나면 경쟁력을 잃고 성취욕구가 무디어지는 건 아닌지 걱정했다. 어떤 이들은 초월적인 초자연적 힘에 대해 상상하고 또 어떤 이들은 정장 대신 터번을 두른 채 평생 단전을 주시하고 허브차를 마셔야 될 거라고 생각하며 두려워했다. 그러느니 차라리 만사를 잊고 실컷 권력을 휘두르다 죽는 게 낫겠다는 이들도 있었다.

우리 과의 학과장이자 나의 멘토인 심장전문의 허버트 벤슨Herbert Benson 박사는 이에 관해 보다 많은 것을 알고 있었다. 1970년대 후반 그는 하버드 비즈니스 리뷰에다 여키즈-닷슨Yerkes-Dodson 법칙이라는 심오하고도 명백한 관련성에 관한 논문 한 편을 게재하였다. 법칙이라는 말에 긴장하지 말기 바란다. 두 용감한 심리학자의 이름을 딴 이 단순한 법칙은 그래프지 위에 철자 U가 뒤집어진 모양을 하고 있다. 스트레스가 증가될수록(x축) 생산성도 증가한다(y축). 즉, 뒤집어진 U가 하강을 시작하는 곡선의 최고점에 도달할 때까지는 스트레스가 많을수록 생산성이 좋아진다. 최고지점부터는 생산성이 가파르게 내려간다. 가볍거나 적당한 스트레스는 일을 헤쳐 나갈 힘을 실어주지만 과도한 스트레스는 포기하게 만드는 것이다.

흔히 볼 수 있는 예를 한 가지 들어보자. 만약 집이 엉망인데 동료들이 한 시간 내로 방문한다고 하면 나는 지저분한 사람으로 보이고 싶지 않으므로 약간 스트레스를 받으면서 청소를 하기로 마음먹는다. 나는 결의를 다지며 폭풍처럼 활동을 개시한다. 이럴 때의 생산성은 정말 놀라울 정도다. 무장한 여신처럼 먼지를 정복하고 산더미같은 잡동사니를 분류한다. 이와 달리 특별히 더 지저분한 날 친구들이 십분 내로 도착한다는 사실을 알았다고 가정해보자. 스트레스는 극심하고 할 일은 태산이므로 당황한 나머지 청소를 포기하기 쉽다. 서류 뭉치를 손에 든 채 그냥 멍하니 왔다 갔다 할 것이다. 내면의 전선은 과부

하로 지글지글 타고 귀로는 연기가 나올 지경일 것이다.

분주하면서 생산성이 높은 사람 대부분은 스트레스/생산성 곡선의 하강부분 높은 스트레스 범위에 있다. 생산성은 여전히 높지만 내면의 전선은 순환이 짧아지면서 타들어 가기 시작한다. 그들이 이완하는 법을 배워 여키즈-닷슨 곡선의 좌측으로 옮겨간다면 뒤집어진 U자의 정상에 좀 더 가까이 갈 수 있다. 몸은 덜 힘들어지면서 실제 생산성은 더 커질 것이다. 만약 보다 더 이완할 수 있게 된다면 활활 타올랐던 이전의 생산성을 그대로 유지하게 될 것이다.

생산성을 오랫동안 유지하는 유일한 방법은 이완하는 법을 배우는 것이다. 그야말로 수천 가지의 이완법이 있으므로 나는 이 책이 당신의 생리와 선호에 맞는 것을 제안해줄 수 있기를 바란다. 어떤 방법이 당신을 이완시킬 수 있는지는 그 누구도 모른다. 더 많이, 더 빠르게, 더 잘하라고 재촉하는 내면의 소리를 막아줄 수 있는 것이 무엇인지 알 수 있는 사람은 당신뿐이다. 몸과 마음의 현명한 체계가 회복되어 최대한으로 잘 발휘되기를 원한다면 반드시 그러한 내면의 소리를 차단해야만 한다.

이번 주 동안 당신이 마음대로 쓸 수 있는 이완의 시간을 하루에 한 시간씩 남겨 두어라. 일하는 시간이 줄어들기보다는 하루가 좀 더 느긋하고 여유롭게 펼쳐질 것이다. 할 일은 해야겠지만 결국 당신은 그 일에 관하여 이야기하려고 사는 것이지 않겠는가.

02
평화는 이미 당신 안에 있음을 기억하라

손자 알렉스가 아주 어렸을 때 그 녀석은 허공을 향해 쫑알거리며 뛰어다니곤 했다. 때로 알렉스는 흥분으로 몸을 부르르 떨기도 했고 이유 없이 얼굴이 환해지기도 했다. 알렉스의 엄마인 나탈리아는 기쁨에 겨워하는 이러한 모습을 보고 "천사에게 말을 거는 중"이라고 표현하였다.

흙장난을 하고, 욕조에서 첨벙거리고, 까꿍 놀이를 할 때 맛보는 순수한 기쁨은 본래적인 것이다. 그러한 내면의 평화와 기쁨은 우리의 타고난 권리이며 진정한 본성이다. 어린 아이들은 노력 없이도 흥겨워하지만 우리 같은 어른들은 자신의 본성으로 돌아오는 법을 배우기 위해 책을 읽고 강의를 들어야만 한다.

평화는 좋은 유전자와 우수한 뇌, 많은 돈, 혹은 성직자로서의 소명을 지닌 몇몇 운 좋은 사람들만 가질 수 있는 나와 동떨어진 목표라 여긴다면 우울하다. 하지만 평화는 가장 변덕스럽고 가장 분주한 이들도 버리지 않았다. 인간에 관한 가장 근본적 사실은 평화란 바로 우리의 진정한 본성이며 마음의 원래 모습이라는 것이다. 불교에서는 평화란 마음속에서 언제나 빛을 발하고 있는 해와 같다고 한다. 평화는 당신을 과거나 미래로 끊임없이 몰고 가는 두려움, 의심, 걱정, 욕망의 구름 뒤에 가려져있을 뿐이다. 해는 당신이 현재 순간에 머물 때에만 나타난다.

나는 첫 요가 수업을 잊지 못한다. 한 시간 내내 숨을 크게 들이마시고 내쉬고 나니 근육의 감각을 제외하고는 모든 것이 다 잊혀졌다. 마지막으로 등을 대고 누워 시체 흉내를 내면서 분주했던 뇌를 쉬게 하는 느낌은 정말 좋았다. 이것은 진정한 본성인 평화로 돌아오게 하려는 것이다. 모든 것이 속도가 느려진다. 근육이 풀리고 마음이 저속기어 상태로 되면서 실제로 호흡이 멈추게 된다.

강사가 우리 사이를 걸어 다니면서 팔을 들었다가 떨어뜨려 보면서 이완 수준을 검사하였다. 사방에서 털썩 털썩 팔이 떨어지는 소리가 들렸다. 나는 생각했다: 모두들 이완이 잘되는구나. 옆에 있는 여자는 1분간이나 숨도 쉬지 않았어. 정말 시체 같군. 난 평소 긴장을 많이 하는데, 저 선생이 왔을 때 어떻게 해야 이완을 잘할 수 있을까?

무슨 일이 일어났는지 채 알아채기도 전에 내 팔이 들려졌다. 팔은 죽은 카나리아 다리처럼 공중에 뻣뻣하게 있었다. 나는 그만 웃음을 터뜨렸고 몇몇도 따라 웃었다. 실패란 더 이상 잃을 게 없다는 뜻이므로 마음이 자유로워졌다. 웃고 나서 나는 그냥 마음을 놓아버렸다. 마룻바닥이 없었더라면 아마 내 팔다리가 중국까지 갔을 정도다. 야릇한 평화로움이 내 안에서 일렁거렸다.

나는, 신이시여, 이것이 바로 사람들이 말하는 이완이군요, 라고 생각했다. 내가 알렉스 나이만할 때 아버지 무릎에 앉아 머리를 아버지 가슴에 기댄 채 이야기를 듣던 때 이후로 그런 느낌은 처음이었다.

당신은 성인이 된 후로 자신이 "바로 여기, 바로 지금" 존재함을 느껴본 적이 있는가?

현재 순간에 머물게 되면 과거와 미래는 사라져버린다. 행복에는 어떤 정신적인 조건도 필요치 않다. 일출과 일몰, 얼굴을 스치는 산들바람, 당신의 몸 구석구석으로 와 닿는 미소, 진심어린 대화 등이 주는 단순한 즐거움들은 언제나 가까이 있다. 생각의 고리를 끊고 이완할 수 있으면 구름은 흩어져버리고 저절로 어린 아이로 되돌아가 내면에 밝은 태양의 기쁨을 느끼게 된다. 그러한 해가 빛나면 당신 너머로 확장되는 무언가의 일부가 되는 완전함을 느낀다.

완전한whole, 고귀한holy, 치유하는healing이란 말의 뿌리는 하나이다. 현재의 고귀한 순간에 머물면 내면의 평화의 본질인 생명과의 일체감을 느낀다. 문제는 대부분의 어른들은 순간에 존재하지 않는다는 것이다. 옛 속담대로, “등불은 빛나건만 집에는 아무도 없네”이다. 우리는 깨어있는 듯 보이지만, 삶은 우리가 다른 것에 대해 생각하는 사이 우리 곁을 지나가고 있다.

우리가 핑계로 대는 피로감과 권태로움은 바쁘기 때문이 아니다. 그것은 우리가 자신의 본성으로 돌아올 수 있는 조건을 버리면서 현재에 있지 않고 다른 곳에 있기 때문이다. “통화를 하고 나면, 컴퓨터가 제대로 작동되면, 새 차를 사면, 아이들이 잠들면, 애인, 배우자, 상사가 나에게 고맙다고 한다면… 그제야 나는 행복해질 수 있을 거야.” 이것은 다섯 살짜리 아이가 어른이 되면 그때는 행복하겠지 라고 생각하는 것과 마찬가지다.

한번 생각해보자. 지금이 아니라면, 언제? 죽으면?

미켈란젤로가 어떻게 그토록 아름다운 조각품을 만들 수 있느냐는 질문을 받았다. 그는 조각품이 아닌 부분의 돌을 쪼아낼 뿐이라고 대답하였다. 내면의 평화도 마찬가지이다. 예술작품인 조각품은 이미 당신 안에 있다. 내면의 아름다움을 드러내도록 삶을 조각하기 위해서는 지속적인 의도로써 현재에 존재하려는 당신의 순수한 능력을 앗아가는 마음의 교활한 습관을 없애야 한다.

“미치도록 바쁘다면” 잠시 심호흡을 하고 마음에 떠오르는 것을 내보내라. 나는 여기에 존재하고 있어 라고 생각하라. 몸을 이완시키고 보다 큰 무언가와의 연결감을 느껴보아라. 이것이 쉽지는 않지만 연습하면 할수록 잘될 것이다. 당신은 여기 있으며 당신 주위에 기쁨이 가득하다.

03
느린 호흡으로 마음을 고요히 하라

호흡은 몸과 마음을 고요하게 하는 가장 중요한 기술이다. 압박감을 느끼거나 걱정거리가 생기면 이내 호흡이 가빠지고 얕아진다. 거칠어지고 불규칙해진다. 가빠진 호흡은 심장박동률을 가속화시키고 신체에 불안감을 유도하는 화학물질을 만들라는 신호를 보낸다. 이러한 심신 피드백 고리는 위험에 대한 경각심을 불러일으키고 생사가 걸린 도피에 대한 준비단계로 근육을 긴장시키며 사고범위를 좁혀준다. 이와 같은 자동적 과속 체계는 강도를 피해 달아날 경우에는 유용하지만 그 위협이 단순히 일상적일 경우라면 한 발을 브레이크에 올린 채로 가속기를 밟는 것과 같다. 당신은 곧 기진맥진해질 것이다.

호흡은 우리가 의식적으로 통제하는 유일한 자율(심장박동률, 혈압, 체온과 같은) 기능이다. 바이오피드백, 무술, 혹은 요가를 수련하지 않은 경우 대부분의 사람들은 자신의 의지대로 심장박동률을 낮추거나 체온을 올릴 수가 없지만 호흡은 누구나 변화시킬 수가 있다. 호흡은 몸과 마음의 연결점으로 마음을 가라앉히고 몸을 안정 쪽으로 돌려놓는 왕도이다. 생리학자들은 이런 상태를 항상성homeostasis이라 부른다. 신체의 모든 체계는 완벽한 조화로 협력하고 있다.

당신이 "선" 수련을 한다면 이런 상태를 "집중"이라 부를 것이다. 심리학자인 미하일 칙첸트미하일리Mihaly Csikszentmihalyi는 자신의 책, 《몰입: 최적 경험 심리학(Flow: The psychology of Optimal Experience)》에서 이를 "몰입 상태"라 칭하였다. 일을 최고로 잘해내고 가장 멋진 경기를 펼치며 창의적인 생각과 아이디어가 샘솟을 때가 바로 이 때이다. 우리는 최고의 자아 상태에 있으며 완전한 삶과 단단하게 연결되어 있다고 느낀다. 이곳이 바로 언제나 당신 안에 존재하는 평화로운 중심이며 올바른 호흡은 그곳으로 가는 가장 단순한 방법이다. 호흡이 곤란할 때는 물속에 있거나 독가스의 공격을 받을 때뿐이므로 호흡수련은 언제든지 할 수 있다. 어쨌든 사람은 호흡은 해야 하므로 시간을 뺏기는 것도 아니다.

당신이 안정되어 있다면 아기처럼 호흡할 것이다. 아기는 숨을 들이쉴 때 배가 풍선처럼 부풀고 내쉴 때 꺼진다. 리듬은 안정되어 있다.

지금 바로 자신의 호흡에 집중해보아라. 들이쉴 때 배가 부풀고 내쉴 때 편안해지는가, 아니면 가슴이 오르락내리락 하는가? 호흡이 일정한 리듬을 타는가, 아니면 끊어지는가?

어른들은 대개 배가 움직이는 것을 느낄 수 없고 배는 경직된 채로 가슴이 오르고 내린다. 심지어 들이쉴 때 배가 팽창하는 게 아니라 납작해질지도 모른다. 폐를 확장하기 위하여 횡경막 근육보다 가슴 근육을 사용해서 그렇다. 가슴 근육을 사용하는 데는 힘이 든다. 가슴 근육은 횡경막만큼 폐를 잘 확장시킬 수 없으므로 뇌에 필요한 것보다 더 적은 양의 산소를 마시게 되고 그것을 보상하기 위해 호흡이 빨라진다. 심장박동율과 혈압이 오르고 불안하고 피곤해지며 힘이 든다.

횡경막은 복강과 폐 사이에 얇은 고무판처럼 펼쳐진 커다란 근육막이다. 그것은 엎어진 보울 모양이다. 들숨시 수축하면 납작해져서 복강의 기관으로 내려가 복부는 팽창한다. 그것이 폐 안에서 만드는 부정적인 압력이 공기를 빨아들인다. 횡경막이 이완하여 위로 올라가면 사용되었던 공기가 폐 바깥으로 밀려나간다. 이제 횡경막이 복부의 기관에 압력을 가하지 않으므로 복부는 이완된다.

스트레스하의 흉식 호흡에서 이완된 복식 호흡으로 옮겨가는 것은 간단하다. 한숨을 쉬거나 하품을 할 때 당신의 몸은 저절로 그렇게 된다. 호흡-전환 연습을 한번 해보자. 눕거나 약간 기댄 채로 손을 배 위에 올려놓고 관찰해보아라. 크게 숨을 들이마시고 소리 내어 한숨을 쉬면서 내보내라. 최대한 많이 내보내라. 이렇게 하면 횡경막이 다시 제자리에 온다. 그 다음 번에 들이쉴 때는 복부가 팽창된다고 느끼거나 상상해보아라. 내쉴 때는 이완된다고 느끼거나 상상하여라. 이런 복식 호흡을 열 번 더 하라. 숫자를 헤아리거나 내쉴 때 이완 혹은 집중이란 말을 해도 좋다. 당신의 감각에 집중하여라.

대부분 사람들은 호흡이 점차 느려지면서 편안해지고 집중하게 된다. 시작할 때 긴장하는 사람도 있지만 결국 호흡을 의식하지 않게 된다. 천식 등 호흡 관련 질병이 있는 경우는 호흡에 불안이 연상되므로 처음에 좀 어색하게 느껴지는 게 당연하다. 보통 하루나 이틀 연습하면 괜찮아질 것이다.

복식 호흡은 뇌수술이 아니다. 많은 이들이 복식호흡에 대해 알지만 대부분이 그렇게 하지 않는다는 게 문제다. 그러므로 카드에 호흡을 아껴라 라고 적어 잘 보이는 곳에 붙여놓아라. 특히 이번 주에는 마음이 급해지거나 압박감을 느낄 때 호흡을 관찰해보아라. 안도의 한숨을 쉬고 5~10번 정도 복식 호흡에 집중해 보아라. 이것이 당신 안의 "고요한 중심"으로 가는 길이라 여겨라. 시간이 흐르면 이러한 느낌에 익숙해지면서 점점 더 쉽게 평화로워질 것이다.

04
뇌의 힘을 길러라

내게 온 한 카드에 "분주해질수록 뒤처질 것이다"라는 경구가 적혀 있었다. 이것은 일상에서와 마찬가지로 뇌에서도 그러하다. 당신이 삶의 기본, 즉 건강한 식사를 하고 산책을 하고 많이 접촉하고 의미 있는 대화를 나누는 것 등을 게을리 한다면 뇌가 힘들어한다. 뇌가 너무 적은 자원으로 작동하려 한다면 삶을 즐기거나 생각을 통제하기가 힘들어진다. 그래서 당신이 아무리 최선을 다하더라도 생각이 당신을 통제하기 쉽다.

내면의 평화를 위한 중요한 기술은 더 나은 뇌를 만들기 위한 상식을 이용하는 것이다. 예를 들면, 비관론자들은 낙관론자들에 비해 바쁜 스케줄을 훨씬 더 부담스러워한다. 비관론자들은 부정적이고 엄격하며 감정에 기복이 심한 편이어서 “나는 절대로 이 일을 해낼 수 없을 거야. 한다 하더라도 결과가 좋지 않을 거야. 결국 해고되고 아이들은 굶어죽겠지”와 같은 생각을 끊임없이 하면서 스스로를 마비시키고 만다.

이 책 후반부에서 살펴보겠지만, 비생산적인 부정적 사고를 중지시키기 위해서는 당신의 생각을 고치는 것 뿐 아니라 뇌의 도움이 필요하다. 뇌 중앙에 묻혀있는 호두만한 크기의 심층 변연계deep limbic system는 세상을 정서적으로 해석하는 방식을 비롯한 여러 생존 기능을 맡고 있다. 특정 사건이 긍정적, 부정적, 혹은 중립적인가? 상사가 아는 체도 않고 지나갔을 때 당신이 미움을 받는다는 생각에 계속 사로잡히는가, 아니면 그냥 다른 생각에 빠져서 그랬을 거라 여기는가? 뇌 스캔에 의하면 심층 변연계가 과잉 활동을 하면 상사의 행동을 부정적으로 생각하기 쉽다.

과잉 활동하는 변연계는 동기와 의지를 약화시키고 우울을 일으키며 일을 지속하기 어렵게 한다. 하지만 심층 변연계가 잠잠하면 장밋빛 유리잔이 나타난다. 활력이 넘치고 영민해진다. 세상이 당신 손아귀에 있다. 분주한 가운데 생산적이라는 사실이 그저 기쁘다. 상사가 쳐다보지 않고 지나가도 별 생각이 들지 않는다. 변연계가 균형 잡혀 있으면 일을 사적으로 보거나 감정이 상한 일을 쌓아두지 않는다.

정신과 의사 다니엘 에이멘Daniel Amen의 책, 《뇌가 변하면 삶이 달라진다Change Your Brain, Change Your Life》에 뇌화학을 조절하는 멋진 방법이 나온다. 그는 신경전달물질이자 뇌 호르몬인 세로토닌의 수준을 높임으로써 부정성을 극복하는 것에 대하여 잘 요약해놓았다.

세로토닌의 기능 중 한 가지는 근심과 집착을 없애면서 심층 변연계를 진정시키는 것이다. 이것이 바로 프로작Prozac이 작용하는 방식이다. 정말 우울한 사람에게는 항우울제가 하늘의 선물이겠지만, 대부분의 경우 약을 복용할 정도는 아니며 단지 상식적인 게 필요할 뿐이다. 당신의 할머니는 어떻게 말씀하셨을까? 식사를 제대로 해라, 잠시 앉아서 이야기를 나눠라, 누군가를 안아 주거라, 밖으로 나가 좀 걸어라, 장미 향기를 맡아 보거라. 편안하고 긴장되지 않는 일을 해라. 이를 증명할 자료를 가지고 있는 에이멘 박사도 분명히 같은 말을 했을 것이다.

변연계를 진정시킬 정도의 세로토닌을 만들기 위해서는 단백질, 탄수화물, 그리고 다행히, 지방도 필요하다. 두 가지 연구에서 콜레스테롤 수준이 최저인 남성들이 최고의 자살률을 보였다. 개인적 경험으로 보아 그런 방식의 식사를 하는 여성들이 살인을 저지를 확률이 보다 높을 거라고 감히 추측해본다. 그러므로 당신이 그 바쁜 와중에 헤이즐넛, 닭 가슴살, 콩나물 뿐인 불균형적인 식사를 한다면 어떤 일이 일어날까? 단기적으로는 살이 좀 빠지겠지만 마음의 평화를 잃을 것이다. 장기적으로 볼 때 균형 잡힌 식사와 운동이 살을 빼는 유일한 방법이며 신체와 뇌가 제대로 활동하도록 한다.

당신이 너무 바쁜 나머지 운동을 하지 못하면 근육뿐 아니라 뇌도 힘들어진다. 운동은 세로토닌의 선구물질인 아미노산 트립토판의 흡수를 증가시키며 활력을 준다. 나의 경우도 산책을 하고나면 글이 더 잘 써진다. 운동은 대사량을 증가시키고 식욕을 떨어뜨리며 체중 조절을 도와준다.

할머니와 에이멘 박사 모두 실제로 접촉이 만병통치약임에 동의한다. 접촉은 신체 회복을 도와주는 성장 호르몬을 분비하고 면역기능을 자극하고 심장박동률과 혈압을 정상화시키며 통증을 완화하고 기분을 안정시킨다. 행복하고 평화롭게 한다. 이렇게 확실한 것에 관심을 가지지 않고 수백만 달러를 연구에 쓸 필요가 있을까? 바쁘다고 음식, 수면, 운동, 의사소통, 접촉과 같은 상식을 지키지 않는다면 우리의 뇌는 점점 굶주리게 된다.

이번 주에는 당신의 상식을 이용하여라. 맛있고 합리적인 식사를 하여라. 당신은 이미 영양에 관해 많은 것을 알고 있다. 예를 들어, 가공식품보다 신선한 것이 낫고 버터 없이도 지방을 즐길 방법이 많다는 것을 알고 있다. 먹는 것은 화학 수업이 아니라 즐거움이어야 한다. 근처를 몇 바퀴만 걷더라도 바깥 운동을 하여라. 햇빛은 송과선에 이로우므로 멜라토닌이 분비되어 숙면을 취할 수 있다. 안아주어라, 서로의 등을 토닥여라. 잠시나마 의미 있는 대화를 나누어라. 멈추어 서서 장미 향기, 커피 향기 등 여러 상쾌한 냄새를 맡아보아라. 코의 신경은 곧장 변연계로 연결되므로 달콤한 향기로 당신은 평화로워질 것이다.

05
열정을 지녀라

가장 행복하고 가장 생산성이 높은 사람은 삶에 대해 열정을 지닌 사람이다. 그들은 열정으로 "분주함"을 문젯거리가 아닌 기쁨으로 변모시키면서 주변을 환하게 한다. 열정이 많았던 시절을 되돌아보면 그 때의 모험심과 생동감을 다시 느껴볼 수 있을 것이다. 좀 더 세세하게 들여다본다면 삶의 여정에서 겪은 놀라운 우연들도 생각날 것이다. 나는 그러한 우연들을 신의 은총으로 생각하길 좋아한다.

열정을 지니고서 분주한 이들은 맑은 정신으로 중심을 잃지 않으면서 불가능해 보이는 일을 해치운다. 나는 과학자로서 그런 기분을 맛보곤 하였다. 새로운 발견의 단서를 좇아 마치 냄새를 추적하는 경찰

견처럼 몰두하였다. 한밤중까지 실험실에 남아있는 것은 짐이 아니라 기쁨이었다. 나는 흥분으로 한껏 충전되어 감각이 고양되고 직관력이 불타오르고 살아있음이 감사했다.

나의 연구는 국립 암 연구소National Cancer Institute의 지원을 받았는데 연구기간이 연장될 때마다 기적이 일어나는 것 같았다. 우편물은 종종 보물과 다름없었다. 동료들이 내 자료와 일치되는 논문들을 보내주어 예기치 않은 통찰을 갖게 했다. 의과대학 도서관에서 나의 이론과 결과를 지지하는 정보가 담긴 리뷰 논문을 발견하곤 했다. 멋진 제안서가 저절로 만들어졌다.

성공으로 이끄는 초집중 상태와 레이저는 아주 유사하다. 레이저는 입자들이 제멋대로 흩어지지 않고 일렬로 정렬된 일관성 있는 빛이다. 그러한 일렬 정렬의 빛에게는 쇠를 관통할 힘이 생긴다. 열정은 당신의 에너지를 레이저처럼 모아준다. 집약된 에너지장은 벽에 걸려있는 커다란 할아버지 시계가 주위 다른 시계들의 리듬을 자신의 리듬에 태우듯이 다른 힘들을 정렬시킨다. 얼마 지나지 않아 벽에 걸린 모든 시계들은 "째깍-째깍"하며 똑같은 리듬을 탈 것이다.

목적이 없는 에너지는 흩어진 상태로 남는다. 걸작을 남기는 것은 차치하더라고 잡다한 일상을 꾸려나가는 데에도 훨씬 더 힘이 든다. 가족을 부양하는 것, 방을 새로 꾸미는 것, 암을 치료하는 것, 수학문제를 푸는 것, 옷장을 정리하는 것, 마루를 까는 것, 혹은 어떤 꿈이라도 열정은 내가 은총이라 여기는 예기치 않은 기회들의 합류를 이끌어낸다.

여기에 한 가지 역설이 있다. 만약 당신이 산만하고 열정이 부족한 바쁜 사람이라면 레이저와 같은 집중을 이루기가 어렵다. 당신의 하루하루는 단지 일을 해치우고 책임감의 늪을 간신히 걸어가는 힘겨운 운동이 될 뿐이다. 그런 가운데 생긴 피로감과 초조함은 당신의 이상을 가리며 이겨내기 어려운 우울이 찾아온다. 이것은 마치 물속에서 사는 것과 같다. 수면을 뚫고 나갈 수만 있다면 분명 보다 더 흥미진진한 세상을 볼 수 있다. 하지만 수면을 뚫기 위해서는 휴식과 정지가 필요하다. 이리하여 안식일, 매일의 휴식 시간, 관조, 명상, 놀이, 반추 등이 필요한 것이다. 이러한 것들은 머리를 물 밖으로 내밀어 집중할 대상을 찾도록 도와준다.

놓아 보내는 시간은 창조적인 과정에도 중요하다. 발명과 발견의 역사는 열정을 가진 이들의 이야기이지만, "아하!"의 단계까지 뚫고 나갈 수는 없다. 해답은 대개 생각과 노력을 멈출 때에 찾아온다. 프랑스의 수학자 푸앵카레Poincaré는 휴가 중 시골길을 가다 버스에서 내리면서 그의 경력에서 가장 큰 수학적 "아하!" 하나를 얻었다. 화학자인 케쿨레Kekulé는 뱀이 꼬리를 입에 넣고 있는 꿈을 꾸고 벤젠 핵의 원형 구조를 발견하였다. 아인슈타인은 몇 주일 동안 성과 없는 연구에 매달린 후 일주일간의 보트 항해 중에 그의 가장 위대한 "아하"(상대성 이론과 관계있는)를 얻었다.

우리 문화에는 자신만이 "행하는 자"라는 믿음이 있다. 이러한 철학은 모든 생각과 행위는 개별 자아에서 생겨난다고 가정한다. 목표를 정하고 그것을 달성하기 위하여 매진하라고 일러준다. 하지만 이런 생각은 단지 부분적으로만 진실이다. 모든 사람은 인류에 기여할 독특한 재능을 갖고 태어난다. 흥분과 열정으로 기쁨과 목적으로 가득 찰 때가 바로 이 재능을 사용하고 있는 때다. 그때가 바로 진화와 일치의 보이지 않는 힘이 당신 혼자서는 결코 발견할 수 없는 길을 열어주면서 당신을 도와주려는 때이다.

이번 주에는 당신의 열정에 불을 붙이는 것이 무엇인지 생각해보아라. 바쁘고 흥분되있지만 평화롭고 조화로웠던 시절을 돌이켜보아라. 지금도 열정을 지니고 있는가? 창조력에 필요한 휴식을 취하고 있는가? 이 책에 나오는 여러 전략들이 도움이 되기를 바란다.

굳이 원대한 목적을 찾아 나설 필요는 없다. 작은 열정 속으로 빠져들어라. 당신을 흥분시키는 것이 페인트칠을 하고 싶은 방, 짜야 될 스웨터, 가꾸고 싶은 정원일 수 있다. 일단 시작하라. 좋아하면 더 좋아하는 일이 생기게 마련이며 작은 일에 대한 열정이 생겨나면서 삶은 보다 풍부해질 것이다.

06
인내심을 길러라

분주한데도 삶이 제시하는 다양한 성공의 단서에 집중하는 이들은 안정되어 있다. 그들은 집중을 잘하므로 자신의 주변세계에 깨어있다. 인내심이기도 한 이러한 능력은 기쁨과 평화의 새로운 세계를 열어준다.

"제임스"는 1980년대 후반 에이즈로 세상을 떠난 내 친구다. 그는 인내심의 거장이었다. 생명을 좀 더 연장시켜주는 신약이 만들어지기 전이었으므로 제임스는 "상당히 오래 생존하는 환자"로 여겨졌다. 그는 HIV를 지닌 채 별다른 증상이 없이 7, 8년간 살았고 많은 친구들의 죽음을 목격하였다. 당시만 해도 에이즈는 정말 전염병 같아서 양호한 그의 건강상태는 특별한 축복이었다. 그는 이를 결코 당연하게 여기지 않았고 그래서 하루하루를 충만하게 누렸다.

제임스는 감사할 줄 아는, 아니 그 이상으로, 참아낼 줄 아는 사람이었다. 어느 날 내가 그의 화단에 물을 주고 있었다. 나는 식물에 대해 잘 알고 있었으므로 새싹에 물을 주는 것이 참으로 즐거웠다. 어떤 것들은 빛을 쪼이게 위치를 바꿔주고 잎을 하나씩 닦아 주었다. 그 중 커다란 크리스마스 선인장이 하나 있었는데 꽃잎이 대부분 진 상태였다. 꽃잎은 닫힌 채로 시들어 고개를 떨어뜨리고 매달려있었다. 며칠이 지나면 오래된 종이처럼 말라 결국 떨어질 것이었다. 그렇게 큰 크리스마스 선인장의 꽃잎이 지면 온통 난장판이 된다. 나는 제임스가 바닥을 기어 다니면서 그 쓰레기를 치울 수고를 덜어주고 싶어서 시든 꽃잎들을 잘라내기 시작하였다.

제임스가 내 팔에 부드럽게 손을 얹었다. 그는, "조안, 모든 것에는 생명과 운명이 있어요. 사람, 나무, 풀, 옷, 심지어 돌까지도. 이 꽃들에게는 아직 순환이 끝나지 않았어요. 물론 좀 초라해 보이고 절정기가 지났다는 것은 알아요. 하지만 꽃들이 자신의 시간표대로 생명을 마감하도록 해줘요. 나는 꽃잎을 주워 치울 때 마음이 흐뭇하답니다." 라고 말했다.

나는 그 다음 며칠 동안 꽃잎이 지는 걸 지켜보았다. 살아있던 조직이 부서지기 쉬운 종잇장처럼 변하는 마지막 순간에는 정말 특별한 아름다움이 있었다. 꽃잎이 다 놓아버리고 팔랑거리며 떨어지는 순간에는 깊은 진실이 담겨있었다. 나는 종이 같은 꽃잎을 주워 다시 흙으로 돌아가도록 울타리 밑에 놓아두었다. 제임스 덕분에 나는 지는 꽃잎을 쓰레기로 보지 않고 보다 깊고 참을성 있게 본질을 볼 수 있었다.

나는 인내심이 많은 사람은 아니다. 그것은 끊임없는 자각이 필요한 수련이다. 제임스가 생명이 완전한 순환으로 펼쳐지도록 두어야 함을 가르쳐준 이후에도 나는 시든 꽃잎을 떨어뜨리고, 말로써 사람들을 몰아세우고, 차가 막히면 욕을 해대고, 맛있는 음식을 급하게 먹곤 한다.

나는 언젠가 인내를 "성급함이 한계에 다다른 것"이라고 정의하는 것을 들은 적이 있다. 이것은 대부분의 사람들이 인내의 의미를 제대로 모르고 있다는 뜻이다. 우리는 흔히 인내라는 명목 하에 가죽 끈에 맞서서 뒤로 당기고 있는 사냥개처럼 물러난다. 우리는 피가 끓는데도 즐거운 척 하면서 전혀 순간에 존재하지 않는다. 마음속으로는 교통체증이 풀리기를, 아이가 잠들기를, 동료가 그만 말하기를 바라고 있다. 이러한 잘못된 인내심에는 엄청난 에너지가 사용된다.

진정한 인내심에는 삶이 제 속도대로 펼쳐지도록 둘 수 있는 부드러운 자발성이 필요하다. 이런 자발성에는 마음챙김이 필요하다. 지는 꽃잎을 있는 그대로 바라본다면 개화시의 아름다움 못지않은 죽음의 섬세한 아름다움을 자각할 것이다. 아름다움은 꽃이 아니라 꽃과의 관계에 있다. 매순간 진정으로 알고 사랑한 것은 사라지는 순간 더욱 소중할 것이다. 제임스도 그랬다. 그는 삶의 최정점에 있었을 때만큼 죽을 때도 역시 아름다웠다. 나는 그가 죽은 뒤 세 그루의 크리스마스

선인장을 샀다. 선인장의 짧고도 풍요로운 개화가 끝날 즈음이면 나는 제임스를 생각하고 그에게 축복을 보낸다.

인내심이란 깊이 사랑하고 생의 마지막 한 방울까지 음미하는 기회이다. 이번 주에는 당신이 성급하게 행동했던 때를 살펴보아라. 왜 그랬을까. 잎이 지려는 참에 굳이 꽃잎을 떨어뜨리고 사랑하는 사람과 이야기를 나누면서 재촉을 한다면 무엇을 잃는지 생각해보아라. 근육이 이완되는 것을 느끼기도 전에 2분 먼저 욕조 밖으로 나간다고 무엇이 득이 되는가. 자주 인내심을 잃어버리는 경우를 한 가지 살펴보고 그 상황에 완전히 마음을 집중해 보아라.

인내심은 평화이다. 인내심이 무르익는 데는 오랜 연습이 필요할지 모른다. 날마다 인내심을 연습하고 그 과정에서 자신에게 관대해져라.

PART 2

자신을 돌보는 법

Inner Peace For Busy People

07
더 멋진 저글러가 되라

어느 겨울 아틀란타의 여성 사업가 모임에서 강연을 하려 할 때 한 조직 위원이 내 손을 잡고 진지하게 요청했다. "제발 우리더러 균형 잡힌 생활을 하라는 얘기는 말아주세요. 아무도 그러지 못한답니다. 비행기도 운항 중에 항로를 벗어날 때가 있지요. 하지만 안내해 주는 컴퓨터가 있잖아요. 그냥 우리가 좀 더 멋진 저글러가 되는 법을 말해주세요."

그녀의 말이 맞다. 미국인들의 생활 방식에 관한 대규모 여론조사에 의하면 단지 2%만이 자신의 삶이 균형 잡혀있다고 여겼다. 문제는 우리가 그렇지 않다는 것이 아니라 그래야만 된다고 생각한다는 것이다. 모든 것이 균형을 이루도록 시간을 조직화하는 방법이 있다는 믿음은 균형을 상실한 자신의 방식이 잘못되었다는 결론으로 이끈다. 보다 더 솔직한 현실은 우리는 줄 타는 사람이라기보다는 저글러라는 것이다. 저글러라는 관점으로 보면 몇몇 일들은 항상 공중에 떠있다는 사실을 받아들일 수 있다. 항상 외부의 균형이 가능한 것은 아니다. 방법은 공을 주시하고 공의 끊임없는 비상을 우아함과 내적인 균형으로 조절하는 것이다.

저글링은 자주 쓰는 은유이다. 예일대 심리학자이자 작가인 고 다니엘 레빈슨Daniel Levinson은 남성과 여성의 삶의 변화에 관한 글을 쓰면서 각기 다른 인생 주기에 있는 사람들을 면담하였다. 직업을 가지고 있으면서 자녀를 양육하는 40세쯤의 많은 여성들이 자신들의 용기를 떨어뜨리는 수퍼우먼이라는 신화에 대해 이야기했다. 40세가 되면 수퍼우먼은 없다는 사실을 깨닫는다. 어느 누가 삶의 그 많은 요구사항에 균형을 맞추겠는가. 당신이 할 수 있는 최선이란 계속 저글링을 하는 것뿐이다. 대부분의 여성들은 인생의 초반부보다 후반부에 자신을 위한 일을 더 많이 하려 한다. 내가 생각하기에 많은 사람들이 저지르는 실수는 40세가 되어서야 그런 마음을 표현한다는 것이다.

저글링에는 중심을 유지하는 것이 필요하다. 핵심은 인생을 조절하려는 것을 그만두고 자기 자신을 조절하기 시작하는 것이다. 나는 오래 전부터 주제를 잘 알고 있는 경우에는 강연 자체보다는 강연에 대한 자세를 준비하는 게 더 낫다는 사실을 알고 있었다. 요점을 연습해

보면서 세세하게 계획하면 중심을 잃기 쉽다. 하지만 먼저 청중들과 이야기를 나누면서 편안한 마음을 갖거나 심호흡을 몇 번 하고 나면 강연이 보다 부드럽게 진행된다.

내가 중심을 잡고 있으면 청중에게 더 쉽게 반응을 하고 의도를 알아채고 영감이 떠오른다. 자신을 멜로디의 진원지가 아니라 삶이 연주하는 악기로 여기는 것이 더 멋진 저글러가 되는데 도움이 되었다. 악기는 청소하고 닦고 조심스럽게 다루어야 한다. 자신이 균형 잡혀있으면 뒤죽박죽이 된 일을 보다 효과적으로 처리할 것이다.

아틀란타에서 강연을 한 후 집행부 토의가 있었다. 세 여성이 각자 자신들의 일상을 이야기했다. 독신이며 아이가 없는 가장 젊은 여성은 전문가로서 바쁜 나머지 자신을 위한 시간이 거의 없었다. 그 다음으로 갓난아기를 포함해 어린 아이가 셋인 30대의 어머니는 젊은 여성보다 훨씬 더 힘든 직업을 가졌지만, 남편과 유모의 도움을 받아 유머와 삶을 향한 열정을 잃지 않고 저글링을 잘하고 있었다. 세 번째 여성은 남편 없이 두 아이를 기르는 어머니로 양육과 직업 다음으로 교회에 최우선을 두고 열심히 활동하였다. 그러한 활동은 그녀에게 활기를 불어넣어 모든 공을 공중에 띄울 수 있게 하는 내면의 힘을 주었다.

가장 젊은 여성은 독신이며 자식이 없는 자신이 가족이 있는 동료보다 더 많은 일을 해야 한다는 생각에 대해 어떻게 대처해야하는지 물었다. 우리는 인생의 매 단계에서 최우선인 과제를 존중해야한다고 결론지었다. 만약 합창 연습이나 요가 수업이 당신을 행복하게 한다면,

그것이 가족과 지내려고 집으로 가는 것보다 왜 중요하지 않은가. 두 여성은 그녀에게, "한계를 설정하는 법을 배우세요. 당신은 그럴 만한 가치가 있는 존재임을 깨달아야만 합니다. 당신에게는 스스로 인생을 창조할 권리가 있어요"라고 충고하였다.

우리 모두는 중심을 유지하도록 해주는 의미 있는 일을 할 시간을 남겨두어야 한다. 나는 많은 사람들이 단순함과 균형이라는 명목으로 그런 류의 활동을 등한시함을 본다. 하지만 당신이 스스로를 돌보지 않는다면 누구도 당신을 위하여 그렇게 하지 않는다. 한계가 두지 않으면 일이 당신의 시간을 모조리 차지하게 될 것이다. 당신은 조금 더 바삐지겠지민 중심을 잡아줄 수 있는 일을 선택해야 한다.

이번 주에는 당신의 우선순위를 점검해보아라. 만약 스스로를 보살피는 일이 없다면 정말 하고 싶은 일을 목록에 넣어라. 이로 인하여 훨씬 더 바빠지더라도 결국 더 생산적으로 될 것이다. 좋아하는 일로 자신의 영혼을 살찌우는 것은 행복을 만들어내며 에너지를 불어넣어 준다. 바쁘지만 평화로운 이들의 가장 중요한 비밀 중 하나는 삶을 즐길 시간을 확보한다는 것이다.

08
내면의 소중한 자아를 존중하라

나는 자신을 돌보는 것에 관한 이 단순한 교훈을 음악가인 친구 티나 리어Tina Lear에게서 배웠다. 티나는 브리티쉬 컬럼비아의 코르츠 섬Cortes Island에서 열린 연례 여름 모임에 하루 늦게 도착하였다. 코르츠 섬은 오래된 숲, 바다, 눈 덮인 산, 알래스카로 향하며 물을 내뿜는 고래가 보이는 아름다운 곳이었다. 하지만 이 낙원으로 가는 길은 장난이 아니어서 수상비행기나 보트, 혹은 나룻배로만 접근 가능했다. 티나는 새 음반 작업으로 너무 바빠서 거의 여행을 하지 못했다.

티나가 도착한 날 밤, 서른 명쯤 되는 친구들이 언덕 위의 하얀 텐트로 모였다. 그 날 저녁 활동은 돌아가며 이야기를 하는 것이었다. 자기 차례가 되면 자신의 생활이나 사랑하는 이나 친구의 생활에 관해 3분간 이야기할 수 있었다.

자그마하고 귀여운 티나는 손을 허리에 대고 자신을 들볶았던 전날의 모습을 연기하면서 성큼성큼 중앙으로 걸어갔다. 그녀는 너무 바빠 여기에 오지 말고 그냥 집에 있을까 생각했었는데 불현듯 통찰이 일어났다. 티나는 자신을 "외부자의 시선으로" 바라볼 수 있었고, 자신의 고단한 상태를 목격하는 마음상태가 되었다. 그 즈음 그녀는 허둥지둥 여러 가지 일을 챙기면서 아슬아슬하게 살고 있었다. 그 때 "아하"의 순간이 왔고 분주함도 폭력의 한 형태가 될 수 있음을 깨달았다.

그녀는 "틱낫한(베트남 불교 명상 지도자이자 평화 운동가)이 내 안으로 들어와도 이렇게 행동할까? 내 몸이 집이고 내가 그를 초대한다면?" 이라고 크게 말했다. 티나는 자신의 내면의 대화를 모두 말했다. 그 분이 배가 고픈데도 바쁘다고 점심을 굶게 할 것인가? 시간이 너무 많이 걸린다고 그가 소변을 보지 못하도록 할 것인가? 느리다고 욕을 하면서 빨리 움직이라고 할 것인가? 그가 걷기 명상, 즉 호흡을 살피면서 여름날의 풍요로운 아름다움을 한껏 음미할 시간이 필요하다고 해도 마지막 서류를 처리할 때까지 그를 사무실 안에다 가둘 것인가?

우리는 그녀의 말뜻을 이해했고 웃음보가 터졌다. 왜 우리가 틱낫한, 알버트 아인슈타인, 테레사 수녀, 예수, 부처, 비틀즈, 달라이 라마, 교황, 사랑하는 아이들, 늙은 부모님, 혹은 가장 친한 친구보다 소중하지 않은가. 우리는 아무리 바빠도 자신이 사랑하고 존경하는 사람들을 자신에게 하듯 함부로 대하지는 않을 것이다. 사실 대부분의 사람들은 자신은 그다지도 쉽게 분별없이 함부로 대하면서 낯선 사람, 심지어 원수에게도 그러지는 않을 것이다.

당신이 사랑하고 존경하는 사람을 생각하라. 이번 주 동안 자신을 보살피지 않을 때마다 소중한 사람이 당신 안에 살고 있다고 상상해 보아라. 그 사람을 받들고 가능한 모든 존경심을 갖고 대하여라. 매일 이렇게 한다면 낯설지만 멋진 변화가 차츰 일어날 것이다. 당신은 자신을 잘 대할 수 있는 방법을 기억하게 될 것이고, 자신이 보살핌과 사랑을 받을만한 가치가 있음을 알 때에 얼마나 창조적이고 생산적일 수 있는지를 경험할 것이다.

09
자신의 에너지 저장고를 살펴보라

어느 해 1월 나는 일주일간의 개인 성장 프로그램을 지도하기 위해 카리브해로 갔다. 아름다운 청록빛 물결에 일몰 또한 장엄했지만 나는 피곤에 지친 데다 마음이 상하여 쓰러질 지경이었다. 그 이전 해 직장과 가정에서 거의 도움을 받지 못한 채 200일 이상 출장을 다녔기 때문이다. 게다가 크리스마스 연휴 후 가장 힘든 상황에서 오랫동안 함께 일하던 직원이 떠나버렸다. 나는 아까운 시간에 전화를 받고 세금을 계산하고 직원을 새로 뽑고 훈련시키면서 보낼 수밖에 없었다. 너무나 바쁜 탓에 나의 에너지 저장고를 살피지 못하였고, 결국 "우물"이 다 말라버렸음을 알게 되었다.

어느 오후 나는 프로그램 참석자 몇 명과 배를 탔고 붉은 머리칼을 가진 도나라는 명랑한 여자와 이야기를 나누게 되었다. 여자들이 으레 그렇듯이 우리는 사건의 핵심으로 바로 들어갔다. 회사의 트레이너 겸 코치인 도나는 빡빡한 여행 스케줄을 조절하는 법을 알고 있었다. 갑자기 도나가 내게로 몸을 기울여 손을 잡으며 "당신 눈에서 생명력이 거의 사라진 걸 알고 계신가요?"라고 말했다. 나는 그렇다고 고개만 끄덕이고는 코를 킁킁거렸다. 도나는 "제가 도와드려도 될까요?"라고 물었다.

"도나 박사"는 나의 친구이자, 회사 컨설턴트이자, 자기-치유 코치가 되었다.

그녀의 질문 가운데서 가장 중요한 질문 한 가지는 강력하고도 단순하였다. "텅 빈 1에서 꽉 찬 10까지 있다고 했을 때 당신의 우물은 얼마만큼 차있나요?" 나는 질문의 의미를 바로 알아차렸다. 나는 즐겁고, 창의적이고, 활기 있고, 모험심에 가득 차 있었던가, 아니면 의존적이면서 질질 끌려갔던가.

나는 "진흙물이라도 마실 정도지요"라고 즉각 대답했다. 심신 의학 연구자이자 심리학자로서 수련과 경험이 많은 나는 이것이 위험한 단계임을 알고 있었다. 나의 면역체계는 조수가 많이 빠진 단계였고, 근육통이 있었으며, 나는 신체적 질병에의 경계 상태임을 느끼고 있었다. 나는 심신의 건강과 균형 잡힌 삶의 나쁜 본보기가 되어 있었다. 자신의 에너지 저장고에 관심을 두지 않음으로써 스스로를 위험 속에 내버려 두었던 것이다.

"우물 측정법"은 회복을 위한 실마리와 자신을 돌보는 것에 대해 정직해지는 방법을 가르쳐주었다. 자각은 변화의 사전 필수사항이다. 자신이 밑바닥 상태임을 자각하는 것은 깨어나라는 경고이다. 당신은 일어나든지 죽든지 선택을 할 수 있다. 나는 전자를 선택하였고 다시는 에너지 저장고가 텅 비어 정서적으로나 신체적으로 힘들어지지 않도록 항상 에너지 수준을 살피기로 결심했다.

나는 스트레스가 극심할 때 막다른 골목에 다다른 대부분의 사람들처럼 행동했다. 나는 퇴보하였다. 일어나자마자 사무실 일을 처리하면서 오후 늦게까지 먹지도 않다가 나중에 아무 거나 닥치는 대로 먹었다. 몸이 원하는 대로 네 가지, 즉 사탕, 케이크, 파이, 쿠키를 먹었다. 그런데도 살이 5파운드나 빠졌다. 이것이 바로 고-스트레스 식사라는 것이다. 과일과 야채를 좋아하던 사람에게 빈약한 식사는 위험신호이다. 나는 생존 모드까지 가버렸다. 무엇보다도 나의 우물을 채워주던 운동이 먼 일이 되어 버렸다. 나는 사무실을 벗어날 수가 없었다. 그래도 남아있는 유일한 긍정적 대처 전략은 남편의 지지와 친구들의 사랑과 조언이었다.

내가 자주 하는 불평은 나쁜 버릇에 비해 좋은 버릇은 가지기도 유지하기도 힘들다는 것이다. 우리들 대부분은 자신을 돌보는 법을 모조리 잊고 지내는 때가 있는데 그 때 마음을 다잡아 자신을 일으켜 세워야만 한다.

그래서 개혁을 시작하지 않을 수 없었다. 다시 운동을 하고 먹는 것을 챙겼다. 하루에 몇 번씩 우물 측정표를 검사하고 일주일에 한 번 "도나 박사"에게 보고를 하였다.

"나는 5, 7, 혹은 10이 되었답니다." 이후 몇 달 동안 7이 평화를 느끼는 경계 지점임을 알게 되었다. 7 밑으로 내려가면 불안과 망상이 생겨나고 창의력이 생기지 않았다.

스트레스 수준을 측정하기 위해 심상측정법이 꼭 필요한 것은 아니다. 스트레스 대처 수준을 알아내기 위한 가장 간단한 방법은 종이에 가로선을 긋고 제일 왼쪽에는 "1", 제일 오른쪽에는 "10"을 표시한다. 그런 다음, 자신의 스트레스 수준으로 여겨지는 지점에 수직선을 그어라. 연구에 의하면 이 간단한 측정이 복잡한 것만큼 효과적이다. 우물 측정법은 이것의 수직판인 셈으로 매우 매력적이고 긍정적인 비유로 훨씬 더 와 닿는다.

이렇게 하는 목적은 우물을 채우고 자신의 위치를 정확히 알아차리느는 것이다. 나의 경우 우물이 7 밑으로 가면 정신적 경보가 울리기 시작한다. 에너지 저장고는 점점 낮아지고 있다. 나는 활력을 주는 뭔가를 해야 할 필요가 있으며 그렇지 않으면 아래도 미끄러지기 시작할 것임을 알게 된다. 기운을 북돋아주는 일은 두 범주로 가를 수 있다: (1) 산책, 호흡 수련, 스트레칭, 뜨거운 물로 샤워하기, 재미난 일 하기, 친구와 얘기 나누기, 애완동물과 시간 보내기 등 바로 할 수 있는 일; (2) 장기적인 인생 전략 개발하기.

나에게 효과적이었던 장기적 전략 중 일부는 다른 두 가지 측정법을 포함했다. 어떤 일을 할지 말지 결정할 때 여행의 고단함 측정에서 7 아래여야 했다. 인도는 10이었다. 누군가가 볼더Boulder에서 콜로라도 스프링Colorado Spring까지 태워 준다면 1이 되었다. 이런 식으로 나는 스트레스가 더 적은 선택을 하는 법을 배웠다.

다른 하나는 봉사 측정이다. 어떤 일이 나의 봉사 비전에 부합하였는가. 암 환자를 위한 피정을 운영하는 것은 10이었고 대학원생 프로그램 개발에 관한 컨설팅은 1이었다. 비전을 개발하고 시간을 가치 있게 하는 일을 실천하는 것은 다른 변화를 이끌었다. 나는 직원을 더 고용하여 밤늦은 시각 공항에서 집까지 운전하는 것을 그만두었는데, 이것은 나 자신의 평화 뿐 아니라 대중 안전에도 기여를 하는 셈이다.

이번 주에는, 자신의 에너지 저장고 상태를 살펴보고 우물 측정법을 시도해보아라. 적어도 하루에 세 번 우물이 얼마나 차있는지 알아보아라. 당신이 활기를 잃고 압도당한다고 느끼는 경계 지점을 찾고 어떤 것이 우물 수위를 빨리 올리는지 알아내고 자신을 북돋울 필요가 생기면 바로 실천하라. 전화를 받는 대신 10분간 산책하는 것이 하루를 변화시킬 수 있다.

우물을 채우는 즉각적 방법을 실천할 수 있게 되면 장기적 전략을 생각할 수 있다. 코칭을 받을 여유가 없으면 친구와 서로 코칭을 해주면 된다. 나의 친구 체릴 리처드슨Cheryl Richardson은 이러한 시작을 도와주기 위해《자신의 삶을 위한 시간을 확보하라Take Time for Your Life》와《새로운 인생Life Makeover》이란 책을 썼다. 그녀의 온라인 뉴스레터(www.cherylrichardson.com)도 도움이 될 것이다.

10
삶에 활기를 불어넣는 일을 찾아보라

바쁜 사람들이 자주 하는 불평은 자신들이 삶에 찌들어 있다는 것이다. 자신들의 욕구는 매번 뒤로 밀리며 즐겁고 활기찬 활동을 하기가 좀체 쉽지 않다는 것이다. 정말이지 해야 할 일은 언제나 산더미다. 우리는 자신을 보살펴야 된다는 충고를 받아들여야 한다. 적어도 일주일에 두 번은 "도움이 필요한 다른 사람을 돕기 전에 먼저 자신의 산소마스크부터 챙겨라." 이것은 내가 일주일에 두 번 쯤 비행기 기내방송에서 듣는 말이다. 이 말은 비유로 자주 인용되는데 핵심을 잘 짚어냈기 때문이다. 주위 사람들을 구하느라 바빠 자신이 의식을 잃는다면 같이 죽는 것이다.

나는 수년 간 이 지혜를 무시하면서 빈 말로 들먹거렸다. 아마 우리들 대부분은 무언가를 깨닫고 얼마간 그것에 대해 생각한 후에 비로소 실천할 것이다. 아는 것과 행하는 것 사이의 지체는 신경증이 아니라 정상적인 것이다. 우리는 이제 막 변화를 향해 속도를 높이는 중이다.

우리가 비행기 방송의 충고를 무시해서는 안 되는 다른 이유는 실제로 산소 없이 움직이면 즉각 강력하고도 부정적인 결과가 오기 때문이다. 가상의 산소—장기적으로 당신을 행복하게 하는 일들—없이 하는 일은 보다 더 추상적이다. 예를 들어, 친구들이 나를 지지해주긴 하지만 잠시 만나지 않는다고 관계가 금방 소원해지지는 않는다. 접촉이 중요하지만, 나는 전혀 접촉 없이(밤에 내 침대로 기어오른 지네만 뺀다면) 아쉬람에서 3주 동안 아주 잘 지냈다. 나에게 운동이 중요하지만 자동차 사고 후유증으로 일 년 간 거의 운동을 못해도 이 자리에 있다.

우리는 항상 여기에 존재할 거라는 생각으로 자신을 속이기 쉽다. 자신은 나중에 잘 보살필 수 있다. 지금은 아이들, 배우자, 친구, 혹은 직장이 우리를 더 필요로 한다. 실제로 죽음 가까이에 갔거나 영원히 자신의 산소를 잃을 뻔한 사람들의 경우 삶의 우선순위가 극적으로 바뀌는 수가 많다. 많은 이들이 사랑의 세 가지 F, 즉 믿음faith, 가족family, 친구friend의 의미가 새로워졌다고 이야기한다. 결국 사랑이 제일 중요하다. 이들이 자신의 산소마스크를 지키려고 한 이유는 그렇게 하는 것이 더 많이 사랑하고, 참고, 친절하도록 해주기 때문이다. 자신을 위한 시간을 얻었을 때 그들은 보다 자발적으로 사랑하는 이들을 위해 나설 수 있었다.

자신의 산소마스크를 지킨다는 것은 사람마다 다른 의미이다. 당신이 직장 일을 좋아하더라도 그것 말고 당신을 풍요롭게 하고 최고의 자아를 끄집어내는 것은 무엇인가. 이번 주에는 시간을 내어 자신의 산소 목록을 작성해보아라.

나의 경우, 골프, 스키, 하이킹, 장성한 아이들과 지내는 것, 남편과의 친밀한 대화, 섹스, 기도, 추리소설, 감동적인 영화, 노래 부르기, 친구 만나기, 마사지, 웃기, 단어 게임, 네 마리 애완견과 장난치기, 난롯가에서 음악 듣기, 야외에서 고요하게 있기, 춤추기, 만들기, 친구들을 초대해서 요리하기, 말 타기, 잡지를 읽고 천장이나 쳐다보면서 점심때까지 잠옷 차림으로 돌아다니기, 요가, 새로운 곳 탐색하기, 긴 도보 여행, 외국의 문화, 그리고 아이스크림 등이다.

나는 목록 중 어떤 것은 꽤 규칙적으로 하고 어떤 것은 거의 하지 않는다. 6개월 전에 나는 매주 마사지를 받기로 마음먹었고 실제로 해보니 활력이 생기고 스트레스가 해소되며 10년은 더 젊어진 것 같았다. 또한 이번 겨울에는 최소 여섯 번은 스키를 타려고 한다. 지난 겨울에는 한 번도 타지 못했는데 세계적으로 널리 알려진 스키 지역에 사는 사람으로 부끄러운 일이다.

자신의 산소 목록을 연구하고 친구와 의견을 나눠보아라. 좀 더 자주 하고 싶은 것을 고르고 실천을 다짐하라.

Strategies For Taking Care Of Yourself

11
도움을 청하라

필요할 때 도움을 청하는 것이 쉬운 일로 보일지 모른다. 사실 그것은 자신을 잘 돌보기 위한 확실한 전략이다. 하지만 실제로 도움을 받을 만큼 마음을 놓아버릴 수 있을까. 분주한 사람들은 대부분 그러지 못한다. "어뢰가 전 속력으로 나가고 있고 바로 내가 책임자다"라는 식으로 생각하는 사람들은 도와주려는 이들이 자신의 확고한 여정에 끼어들지 못하게 한다.

몇 년 전 병원에서의 아주 바쁜 날이었다. 오전 중반이 되자 모두들 문서정리와 연구보고, 면담할 환자들로 인해 몹시 지쳤다. 그래서 내가 카페에 가서 커피를 사오겠다고 자청했다. 돌아오는 길에 엘리베이터를 탔을 때 나의 두 손은 여지가 없었다. 사람들이 더 탔고 나는 누군가에게 내가 가는 층을 눌러 달라고 부탁할 생각을 잠깐 했다. 하지만 그러한 제정신의 순간은 곧 지나갔고 나는 코로 버튼을 눌렀다. 한 부인이 "원, 세상에. 도와달라고 하지. 도움을 청할 수 있다는 것은 참 중요한 문제랍니다"라고 했다.

나는 이제야 깨닫기 시작했다. 바쁘고 효율을 따지는 여타 사람들처럼 나도 모든 일을 혼자 하는 걸 좋아했다. 그것이 다른 사람에게 부탁하는 것보다 더 쉬워 보였다. 또한 혼자 힘으로 하면 자신이 원하는 방식대로 된다는 것을 알고 있다. 하지만 자기도 모르는 사이 다른 문제가 파고든다. 당신은 부탁을 거의 하지 않고 도움을 자주 거절하므로 주위의 사람들이 점차 부탁을 하지 않게 된다. 당신은 스스로 원했던 대로 죽을 때까지 일하게 될 것이다. 결국 분노가 쌓인다. "나만 맨날 이 모든 것을 해야 하나!"

나는 몇 년 전 한 주말 워크샵에서 도움에 관한 교훈을 다시 배웠다. 오후가 되자 우리는 다른 프로그램 참가자들을 위해 방을 비워야 했고 나는 언덕 위의 다른 방까지 많은 짐을 날라야했다. 문제없었다. 바쁜 이들은 준비 하나는 잘하며 나 역시 바퀴 달린 여행 가방을 가져놓았었다. 한 참석자가 청소와 짐 나르는 것을 도와주겠다고 했지만 나는 분명하고도 정중하게 사양했다. "고맙지만, 정말 괜찮아요. 바퀴 달린 가방이 있거든요."

그 여자는 손을 허리에 대고 머리를 절레절레 흔들며 발로 땅을 쳤다. “조안, 이해하지 못하는군요. 이것은 바퀴 문제가 아니라 도움을 받아들이는 것에 관한 문제에요. 도움을 받는다는 것은 자신이 그럴 만한 가치가 있다고 느끼는 것이에요.”

나는 두 손을 등 뒤에 쥔 채 가방을 잡고 싶은 마음을 참으면서 언덕을 올라갔다. 또한 그 선한 사마리아인은 다음 날 아침 내 방에 와서 가방을 다시 모임 장소로 가져다주겠노라고 했다. 헤어지면서 그녀가 말했다. “당신은 친절에 관한 강의를 유창하게 합니다. 사람들이 당신을 돕도록 놔두는 것이 그들에게 친절을 베풀 기회를 주는 것입니다. 도움을 거절한다는 것은 일종의 이기심이 아닐까요?” 나는 이토록 명백한 사실을 왜 그리 오랫동안 몰랐는지 도저히 알 수 없었다.

통제광이 된다는 것은 도움을 청할 능력이 없어지는 것 이상의 문제이다. 내 친구 한 명은 비타민 약병을 특정 순서대로 정리한다. 그 체계를 이해할 수 없던 그녀의 남편이 순서를 엉망으로 만들곤 해서 부부는 이 문제로 자주 다투었다. 결국 그들은 평화를 위해 아내 비타민과 남편 비타민을 각기 구입하기로 했다. 평화로운 삶을 원한다면 전투를 현명하게 다루어야 하며 자신의 관점을 유지하는 것도 중요하다. 비타민 순서가 얼마나 중요한지 자문해보아라. 싸울 만한 가치가 있는가.

유머 작가이자 작가인 로레타 라로쉬Loretta LaRoche는 소품을 사용하여 서로 다른 인지적 왜곡이 우리를 얼마나 잘못된 길로 몰아가는지를 보여주었다. 뿔이 있는 바이킹 모자는 통제 광을 나타낸다. 만약 당신에게 그런 경향이 있고 통제하고 싶은 기분이 든다면 바이킹 모자를 써라. 예를 들어 내 친구는 남편에 맞서기 위하여 그 모자를 쓰고 부엌으로 돌진하곤 하였다. "길을 비켜라, 내가 이 알약을 어떻게 조직화하는지 보여주겠다!"

로레타가 말하고 싶은 것은 제정신이 아닌 정복자인 양 행동한다고 생각하면 너무 웃긴 나머지 곤란한 상황에 빠지기 전에 그만 둘 수 있을 거라는 것이다. 나는 모자가 필요 없다고 말하고 싶지만 사실 여전히 책임지기를 좋아한다. 백 년 쯤 더 치료를 받아야 변할지 모르겠다. 하지만 나는 마음을 편하게 먹고, 화를 참고, 현명하게 싸우며, 힘들 때 도움을 요청하는 것을 배우게 되었다.

이번 주에는 특히 도움을 주고받는 것에 관심을 가져라. 도움을 청하는 게 어렵다면 연습을 해보아라. 피아노 배우는 것보다 쉽다. 이유를 만들어서라도 하루에 세 번 부탁을 해보아라. 아는 길이라도 물어보아라. 그들이 인색한 사람들이라면 당신은 두 배로 축복을 받는 것이다. 정말 길을 잃었다면 위치를 알게 되어 고맙고 게다가 낯선 이에게 친절을 베풀 기회를 제공한 것이다.

만약 당신이 타인들에게 의존하는 사람이라면 도움을 주는 연습을 하여라. 이번 주 동안 요청이 없더라도 하루에 세 번 도움을 베풀라. 누군가를 위해 문을 열어주어라. 동료나 친구에게 커피나 시원한 음료수를 가져다주어라. 주위 사람들에게 도와 줄 일이 없느냐고 물어보아라. 훗날 그들은 분명 당신의 부탁에 훨씬 더 호의적으로 대할 것이다.

12
휴식기를 가져라

내 친구 웨인 뮬러Wayne Muller는 치료사이자 목사이며 자립을 위한 종자돈을 제공하는 지역 민간 자선단체 설립자이다. 《안식 Sabbath》이라는 책의 저자이기도 한 웨인은 하느님이 인간에게 가끔 쉬라고 한 것은 제안의 의미가 아니라고 말한다. 그것은 도둑질 하지 말라, 혹은 살인하지 말라와 같은 명령이었다. 한 번 생각해보자. 왜 휴식이 멋진 생각이라기보다는 오히려 명령일 만큼 중요했을까?

유대-기독교의 창조론에 의하면 세상은 엿새 만에 만들어졌다. 하느님은 일곱 째 되던 날 쉬면서 창조물을 감상하였다. 엄격한 유대인들에게는 매년 52일간이 되는 안식일은 가장 성스러운 날이다. 안식

일은 사랑하는 이들과 함께 쉬면서 다음 주를 위해 충전하고 감사함을 느끼며 노동의 결실을 음미하는 날이다. 텔레비전, 컴퓨터, 심부름, 요리, 전화, 팩스, 이메일, 돈과 관련된 일을 하지 않고, 휴식하고 축하하고 사랑을 나누는 날이다. 안식일에 사랑을 나누는 일은 결혼한 유대인들에게는 명령이다. 이러한 사실이 널리 알려진다면 유대교로 개종하는 이가 많아질지도 모른다.

이런 식의 안식이 다소 극단적으로 보일 수도 있겠지만 적어도 한 번 쯤은 해보고 싶을 것이다. 이것은 모든 일을 포기하는 것이다. 음식도 전날에 다 해놓고 설거지는 다음 날로 미룬다. 접시 정리도 하루 쉬어야 한다. 친구들을 초대하라. 악기를 연주하고, 노래를 부르고, 춤을 추어라. 아름다움과 의미에 관한 대화를 나누어라. 어린 자녀가 있다면 책을 읽어주고 게임을 하여라. 대개의 문화에서 휴일은 볼일을 보고 일 이외의 용무를 처리하는 분주한 시간을 말한다. 안식이란 모든 분주함으로부터의 해방이다.

하루를 쉬는 것은 현대인의 삶에서 너무 멀어져버렸으므로 이 아이디어로 TV 리얼리티 프로그램을 만들어도 좋을 것 같다. 존스 가족이 안식일을 무사히 넘겼을까? 내가 보스턴에 살던 어린 시절에는 일요일에는 모든 가게가 문을 닫았다. 차를 타고 가게나 쇼핑몰에 가는 일은 없었다. 사실 쇼핑몰도 없었다. 패스트푸드는 꿈같은 일이었다.

일요일은 친척들과 함께 식사를 하고 그 주에 일어났던 사건들에 대해 이야기를 나누며 한가롭게 지내는 가족의 날이었다. 우리 가족은 대개 증조부모님 댁으로 모였다. 어른들이 담배를 피우고 칵테일을 마시며 정치, 종교, 지역 사건들에 관해 대화를 나누는 동안 나는 여러 사촌들과 놀았다. 저녁 식사는 이벤트나 다름없었다. 우리는 영화 Tom Jones에 나오는 것과 같은 긴 식탁에 앉아서 아이들이 "구운 야수roast beast"라고 부르던 음식을 먹었다.

일주일 내내 일하는 것을 자랑스러워하는 사람들도 있다. 그들은 하루는 고사하고 결코 한 시간도 쉬지 않는다. 그들에게는 멋진 집과 가족이 있지만 즐길 시간이 없다. 웨인 뮬러는 휴식을 음악에서 리듬을 만들어내는 쉼표에 비유했다. 쉼표가 없다면 아름다운 음표의 배열도 소음이 될 뿐이다. 멜로디를 만들어내는 것은 쉼표이며 창조물을 아름답게 만드는 것은 휴식이다.

나는 수년 동안 매주 하루는 쉬려고 했지만 일이 대부분 주말에 있기 때문에 현실성이 없었다. 쉴 수는 있으나 그러다가는 재정 상태가 어려워지기 십상이다. 이것이 대부분 사람들이 따르는 일과 휴식 사이의 길이다. 그래서 나는 현명하고 특이한 한 랍비를 찾아갔다. 그는 자신이 지킬 수 있는 안식일을 가지라는 했다. 수요일 오후의 네 시간이 적당한 듯 했다. 계율에 집착하는 것보다는 쉬려는 의도와 일을 해낼 수 있는 합리적인 계획이 더 중요하다.

이번 주에는 짧은 휴식기를 가져보아라. 아마 두세 시간 쯤 될 것이다. 하루를 완전히 쉴 수 있다면 정말 마음이 설렐 것이다. 이 계획에 가족을 동참시켜라. 함께 하이킹을 갈 것인가, 소풍을 갈 것인가. 메뉴는 무엇이 좋은가. 나무 그늘 아래에 모여 앉아 각자 다음 질문에 답해 보아도 좋다: "당신이 고맙게 여기는 것은 무엇인가?" 혹은 "가장 소중한 꿈은?" 귀 기울여 들어보고 음미하고 서로서로와 삶을 즐겨라. 그것이 바로 휴식이다.

13
자연에 가까이 가라

나는 사람들이 자신을 돌보기 위하여 어떤 일을 하는지 오랫동안 비공식적으로 조사해보았다. 자연과 가까워지기가 1순위였다. 나 역시도 어린 시절부터 자연의 품속으로 들어가는 것이 가장 좋아하는 자기-돌봄 활동이었다.

16살에 드디어 운전 면허증을 땄을 때 나는 일일 황야 여행을 떠났다. 좀 더 거칠고 원시적인 곳으로 가려는 열망에 친구 둘과 메사추세츠 서부로 출발하였다. 우리는 개울에 요정의 머리칼처럼 떠있는 분홍빛 버드나무 뿌리에 감탄하면서 차를 몰았다. 평원에 누워 얼굴에 늦가을 햇살을 받으며 구름이 흘러가는 것을 바라보았다.

저녁이 되자 쓰러진 나무를 모아 불을 피워 햄버그를 구웠다. 일렁거리는 모닥불 가에서 노래를 부르고 삶에 대해 이야기를 나누었다. 달이 떠오를 무렵 그날 아침 보스턴을 떠날 때와는 사뭇 달라진 세 소녀들이 짐을 정리했다. 우리는 나무와 풀 냄새… 만족감을 음미하고 평화에도 향기가 있음을 배웠다. 우리는 말로 표현하기 힘든 어떤 방식으로 자연계의 리듬에 끌려 자신의 본연으로 돌아왔다.

어른이 된 나는 황야의 가장자리, 보랏빛 산 정상의 장엄함, 이내 피고 지는 야생화 뿌리에 둘러싸여 있는데도 자연을 즐기기 위해 많은 노력을 해야 한다. 나만 그런 것은 아니다. 하와이 여행 중에 그곳으로 나를 데리고 온 분과 해변을 산책한 적이 있다. 그녀는 살짝 충격을 받은 듯 했다. 집과 사무실을 벗어나 가물가물 반짝이는 보석 같은 모래 해변을 산책한 지가 몇 년이 지났기 때문이었다. 평화가 머무는 초대는 도처에 있지만 그것을 받아들이기에 너무 바빴던 것이다.

현대 문명으로 인해 점점 자연에서 멀어지지만 결국 우리는 자연계의 일부이며 자연과 서로 의지하는 존재이다. 우리 몸은 자연과 협력하여 진화했으므로 자연 밖에서는 건강한 균형을 이룰 수가 없다. 예를 들면, 뇌의 기능, 정서, 신체적 성숙을 조절하기 위해서는 날이 밝아오고 밤이 온다는 단서가 필요하다. 지금 소녀들은 백 년 전보다 유의미하게 더 일찍 사춘기를 맞는다. 이것은 부분적이긴 하지만 자연스럽지 않게 낮을 더 길게 하고 밤을 더 짧게 하는 전깃불 때문이다. 생물학자인 르네 듀보스Rene Dubos는 자연에서 멀어질수록 인간은 돌연

변이가 된다고 믿었다. 지구는 우리의 집일 뿐 아니라 생물학적인 조절자이다. 또한 부자건 가난하건, 감옥에만 가지 않는다면 누구에게나 열려있다.

우리 가족이 기억하는 최고의 휴가는 아이들이 어렸을 때 간 캠핑이었다. 그 당시 우리는 돈이 별로 없었으므로 마르타 포도원Martha's Vineyard의 야영지를 빌려 비싼 소다수 대신 레모네이드 캔 등 먹을 것을 모두 준비해갔다. 우리는 자전거를 타고 해변으로 가서 모닥불 주위에서 간소한 식사를 하였다. 그것은 우리의 기억에 남아있는 가장 행복한 일주일이었다. 어떤 호텔도 자연만큼 즐거움을 선사하지는 못한다. 벌레에 물리고 옻나무에 긁히더라도 야생 딸기를 따거나 개울에서 낚시를 하는 것은 충분한 가치가 있다. 자연은 우리의 감각을 깨우며 생기를 불어넣는다.

이번 주에는 자연과의 관계에 대하여 생각해보아라. 가족이나 친구들과 하루를 하이킹, 낚시, 눈 위를 걷기, 승마, 크로스컨트리, 호수나 강가에 앉아 있기, 별빛 아래 캠핑하기, 모닥불에 요리하기 등의 계획을 짜보아라.

집에 머물러야 한다면 근처를 걷거나 창밖을 내다볼 수 있는 짬을 내어라. 한 연구에 의하면 자연이 바라보이는 병원에 입원한 환자들이 주차장만 보이는 병원의 환자들보다 더 빨리 나았다.

창문이 주차장을 향해 있다면 창가에 화분을 놓고 잘 보살펴주어

라. 새잎이 돋을 때마다 실컷 즐겨라. 화분 하나라도 자연은 당신에게 활기와 평화를 가져줄 것이다.

14
평화, 창조, 치유를 위해 음악을 즐겨라

음악에는 추억이 담겨 있다. 할머니의 죽음이 가까이 오자 아들 저스틴은 저 세상에 계신 할아버지가 할머니를 기다리는지 묻더니 내게 눈짓을 보내고는 "어느 멋진 저녁에"라는 노래를 흥얼거렸다. 우리는 다 같이 부모님이 좋아했던 그 노래를 불렀다. 가사가 모두 기억나지는 않았지만 선율로도 충분했다. 어머니의 얼굴이 편안해졌고 진정한 사랑을 만났던 젊은 시절로 잠시 돌아간 듯 보였다.

음악은 뇌를 위한 튜닝 포크와 같다. 음악은 특정 부위를 자극하여 마음을 다독이고, 학습 능력을 높이고, 창조적인 천재성을 일깨운다. 또한 치유하며, 스트레스를 줄이고, 숙면을 취하게 한다. 몬타나의 미술라Missoula에 있는 성 페트릭 병원에 근무하는 테레세 슈레이더-쉐커Therese Schroeder-Sheker는 임종 환자들에게 음악을 들려주었다. 그녀와 스무 명의 2년 과정 프로그램 수련생들이 병상 옆에서 그레고리안 성가 등을 하프로 연주하며 부른다. 그 결과, 환자들의 고통과 불안이 상당히 줄어들었으며 보다 평화롭게 생을 마감했다.

내 친구 돈 캠벨Don Campbell은 피아니스트이자 교육, 치유, 창의력 분야에서의 음악 전문가로서 《모차르트 효과The Mozart Effect》와 《어린이용 모차르트 효과The Mozart Effect for Children》의 저자이기도 하다. 책과 더불어 수백만 장의 CD와 카세트가 팔린 것으로 보아 그의 작업이 사람들의 마음에 닿았을 것이다. 마음을 굳건하게 하라는 부분은 지력과 학습을 위한 음악을, 몸을 치유하라는 부분은 휴식과 이완을 위한 음악, 창조적인 영혼을 펼쳐라는 부분은 상상력과 창의력을 위한 음악에 초점을 두고 있다. 또한 돈은 특별히 임산부, 유아, 어린이들에게 필요한 음악을 선별했다.

볼티모어 병원의 심장병동 책임자에 의하면 고전음악을 30분 듣는 것은 10mg의 밸륨(신경안정제의 하나)과 같은 효과를 낸다. 돈 캠벨은 음악이 편두통부터 주의력 결핍 장애와 물질 남용 경감에 도움에 된다는 연구를 언급한다. 얼빈Irvine에 있는 캘리포니아 대학교University of California의 한 연구에 따르면 지능 검사 전에 10분만 고전 음악을 들어도 공간 지능이 유의미하게 향상되었다. PET 스캔을 하면 음악이 뇌의 신경 과정을 이동시켜주는 것을 볼 수 있다. 모차르트 작품과 같은 고주파의 선율은 뇌의 언어능력을 자극한다.

하지만 고전 음악을 부정적으로 이야기하는 사람들도 있다. 그들은 고전음악은 지루하고 잘난 체하며 접근하기 힘들다고 여긴다. 하지만 시간을 내어 진심으로 귀 기울여 들어본다면 왜 고전 음악이 오랜 세월 사랑받는지 알게 될 것이다. 또한 위대한 음악가는 일부 사람들의 생각보다 훨씬 더 인간적이다. 아마데우스라는 영화를 생각해보아라. 모차르트는 먼지를 뒤집어쓰고 있는 화석이 아니라 천진난만함과 희망으로 가득 찬 명랑한 천재로서 "영원한 어린 아이"이다. 모차르트의 순수하고 영적인 음악은 평화, 창조, 지혜의 내면적 본질로 가는 직접적인 길이다.

베토벤, 바흐, 알비노니, 텔레만, 스칼로티, 모차르트, 보한 윌리암스, 헨델, 쇼팽과 같은 위대한 음악가들의 음악은 내 영혼의 향유이다. 나 역시 많은 다른 사람들처럼 감정을 풀어주고 마음의 평화를 회복시켜주는 파헬벨의 캐논에 매료되었다. 행동할 용기와 영감을 잃어버렸을 경우, 무소르크스키의 전람회의 그림, 특히 "키에브의 위대한 문The Great Gate of Kiev"이라는 악장은 새로운 목표와 창조력을 북돋아준다. 음악에는 분명 자신의 본성으로 되돌려놓는 힘이 있다.

나는 돈 캠벨이 《분주한 이들을 위한 음악: 이완과 새로움을 위한 음악》이라는 고전음악 특별판을 제작하자고 제안했을 때 매우 기뻤다. 제작 과정 동안의 우리처럼 당신도 평화와 기쁨을 찾기를 바란다.

이번 주 동안에는 이완시키고, 치유하고, 영감을 불어넣고, 자신을 되찾아주는 고전 음악의 힘을 탐험해보아라. 자신을 돌보기 위해 이미 자기만의 애청곡을 사용하고 있는지도 모르겠다. 고전 음악은 라디오나 동네 도서관만큼이나 가까운 것이다. 모차르트나 바흐를 조금만 들어보아라. 집중해서 들어보고 서로 다른 효과를 관찰해보아라. 당신은 세상에서 가장 오래된 보물 한 가지를 발견할 것이다.

15
일상의 물건과 신성함을 연결하라

몇 년 전 발리로 여행을 갔었다. 청록색 바다에 둘러싸인 이 작은 섬은 내가 여태껏 가본 곳 중에서 가장 아름다웠다. 섬의 중요한 기본 지점에는 힌두교의 네 신이 모셔진 사원이 있었고 중앙의 언덕 꼭대기에는 어머니 사원Mother Temple이 자리 잡고 있었다. 사원들은 섬과 주민들을 조화시키는 수호 정령과 같았다. 햇빛 가리개에서 의자 덮개까지 어디서나 흑백 체크무늬 천을 볼 수 있었는데 그것은 선과 악의 균형을 의미하며 인간의 개별적 선택이 우주의 조화에 영향을 준다는 것을 상기시킨다. 발리에서는 일상적인 물건이라도 신성함을 떠올리게 한다.

각 구역은 규정된 양식대로 정원, 거주지, 신을 위한 제수를 두는 뾰족탑 모양의 화려한 사원 등으로 나눠져 있다. 아침마다 과일, 꽃, 향으로 꾸민 바구니가 각 일터 밖에 정해진 배열대로 놓여진다. 일을 하는 동안에도 조화로움이 지배한다. 사람들은 늘 만물 중의 자신의 위치를 기억한다. 발리사람들의 삶의 방식은 자신을 북돋우고 보살피는 것이다.

발리사람들은 평화롭고 창의적이다. 그들은 정교한 목공예, 멋진 그림 등 상상 가능한 모든 예술 활동을 한다. 반짝거리는 사각형 논까지도 신성한 존재를 반영하는 듯하다. 아름다운 바위 조각, 졸졸 물이 솟는 샘, 연꽃이 만개한 고요한 연못 등을 흔하게 볼 수 있다. 그곳은 인간이 상상하는 에덴동산과 가장 비슷할 것이다. 국영 방송국에서는 방송 시작 시에 평화와 감사의 기도송을 들려주면서 다시 한 번 일상과 신성함을 합친다. 발리에서는 매일의 생활이 가장 순수한 형태의 경배이다.

서양 문화에서는 신성함과 일상, 분주함과 평화를 구분짓는 경향이 있다. 우리는 거의 죽을 만치 일하며 대체로 불안하든지 우울하다. 우리는 예배, 명상, 독서, 운동, TV, 습관적으로 복용하는 여러 진통제 등의 의식적 행동을 통하여 자신을 회복시키려고 애쓴다. 만약 우리가 발리사람처럼 일상과 신성함을 결합한다면 평화롭게 중심을 잘 잡을 것이다.

많은 사람들이 공간의 조화를 꾀하는 중국과 티베트의 풍수를 통해 발리사람을 모방한다. 그것은 발리 문화와 유사한 에너지 법칙을 기본으로 한다. 집의 아홉 구역은 각각 인생의 무대를 상징한다. 뒤쪽 왼편은 부와 풍요를 상징한다. 뒤쪽 오른편은 친밀한 관계나 사업에서의 동료애를 나타낸다. 앞쪽 왼편은 지식과 자기개발을, 앞쪽 오른편은 도움을 주는 동지와 그 도움을 나타낸다. 공간의 중앙은 영혼과 세계와의 연결을 나타낸다. 동서남북의 주요 지점은 각각 창의력, 가족, 직업, 명예를 나타낸다.

이다지도 분주한 세상에서 평화롭고 조화된 환경을 꾸미기 위하여 풍수 전문가가 될 필요는 없지만 많은 사업가와 사람들이 이 원칙을 수용한다. 세계적으로 성공한 《내 영혼을 위한 닭고기 스프Chicken Soup for the Soul》 시리즈 발행사인 Health Communication에서는 이 시리즈를 시작하기 직전에 이 원칙대로 일터를 배치하였다. 환경을 조화롭게 하는 것이 부와 성공을 가져다주지 않더라도 분명 평화는 가져올 것이다.

이번 주에는 당신의 생활 공간을 둘러보아라. 마음을 다잡고 잡동사니, 죽은 식물, 오래된 신문 등을 버려라. 각 방을 조화롭고 평화롭게 재배치하여라. 이런 생각이 마음에 든다면 풍수에 관한 책을 읽고 적용해보아라. 최소한 속옷 서랍쯤은 정리하라. 그 또한 신성한 일이다.

16
자신만의 공간을 만들어라

자신만의 은신처는 자신을 돌보는 데 있어서 중요한 장소이다. 그곳은 삶의 책무가 물러나고 고요가 머무는 따스하고도 편안한 곳이다. 그곳은 허리케인의 눈 마냥 영원히 고요하다. 평화로운 기억을 불러오는 의미 있는 물건이 있다면 그곳에 앉아있는 것만으로도 영혼의 위안이 된다.

우리들 대부분은 마음을 평화롭게 하는 자신만의 그림, 향기, 초, 음악 등이 있으나 이것이 얼마나 중요한지 잊고 있다. 나와 엘리자베스 로렌스Elizabeth Lawrence가 주최했던 주말 영성 모임에 참가했던 한 사십대 여성이 밤늦게 피정 센터 옆의 성당으로 들어갔다. 그녀는 미사가 끝난 뒤의 고요함 속에서 익숙한 향기를 맡았다.

몇 년 동안 미사에 참석하지 않았던 그녀지만 그 향기에 마음이 평화로워지고 위로와 축복을 받고 일상의 긴장감을 떨치게 되었다. 어린 시절 맡았던 향기가 수년 간 누리지 못했던 깊은 고요의 불을 밝혀주었다. 그녀는 조직화된 종교에 관심이 없었지만 영적인 독서나 기도, 명상을 하는 방에 그 향을 피우게 되었고 그곳은 분주한 세상으로부터의 그녀만의 은신처가 되었다.

신성하든지 세속적이든지 모든 것이 평화의 상징물이 될 수 있다. 플라이 낚시를 즐기는 한 친구에게는 이 낚시가 그가 가장 좋아하는 이완법이다. 자연의 풍경과 소리, 흐르는 물, 물고기를 향한 온전한 집중이 그에게 고요함을 안겨준다. 그 친구에게는 낚시가 영적 경험이다. 그의 집은 플라이 낚시의 추억으로 가득 차 있다. 자신이 묶었던 플라이로 가득 찬 액자를 바라보는 것, 좋아하는 낚시터 사진, 심지어 낚시를 연상시키는 독서용 램프도 그에게 자연 속에서의 위안을 준다. 그가 플라이를 묶을 때 앉는 의자는 그의 집에서 가장 평화로운 장소이다. 그는 바쁜 일상을 벗어나 고요하게 생각을 다듬고 쉬기 위해 저절로 의자로 가 앉게 된다.

또한 사람들은 평화롭거나 즐거운 경험과 연관된 부적 같은 것을 간직하기도 한다. 나는 깃털을 모은다. 주운 것도 있고 선물로 받은 것도 있다. 깃털은 신성한 산에서의 종일기도 경험으로 인해 특별한 의미를 지니게 되었다. 아침이 되자 심한 편두통이 왔는데 사우스 다코

마South Dakoma의 무자비한 여름 태양처럼 참을 수 없을 지경에 이르렀다. 나는 나의 영적 지도자에게 늦은 오후까지 산에 머물 거라고 했으므로 두통 때문에 기도를 많이 못하더라도 내가 한 말을 지키고 싶었다. 나는 제단 안을 뒤덮은 세이지밭에서 고통으로 웅크리고 있었다. 탈수된 몸이 헛구역질로 요동쳤다. 그 때 갑자기 독수리 한 마리가 거대한 날개로 허공을 가르더니 내 옆에 내려앉아 용기를 주었다.

그 날 이후 깃털은 소중한 의미를 지니게 되었고 나는 스트레스를 느낄 때마다 깃털을 발견한다. 은빛 깃털 목걸이는 이동 가능한 은신처가 된다. 그냥 들고 있기만 하여도 내가 혼자가 아님을 깨달은 산에서의 감동적인 순간이 떠오른다. 보이지 않는 조력자가 우리를 보호한다. 책상 위에 걸려있는 독수리 사진은 계속 울리는 전화, 팩스, 보고서, 답변서의 와중에서 고요와 영감을 가져다준다. 방구석에 놓여있는 예쁜 기도 바구니에는 도움을 청하는 쪽지들이 들어있는데 그것은 서로 사랑하는 것이 얼마나 중요한지를 일깨워준다. 자비의 보살인 작은 관음상이 모든 것을 말없이 지켜보고 있다.

나의 그리스 정교회 친구는 거실에 성화 몇 점으로 꾸민 작은 제단을 가지고 있다. 그녀는 성화가 성스러운 곳으로 향하는 출입문과 같다고 한다. 각각의 성화는 기운을 북돋우고, 치유하고, 영감을 불어넣는 나름의 힘을 지니고 있다. 성화, 가족과 친구 사진, 조각상과 그림, 명상 방석, 기도 숄, 특별한 책이나 잡지, 음악, 초나 기도서 등은 모두 당신의 은신처가 될 수 있다.

작아도 괜찮으니 집에다 성스러운 공간을 만들어보아라. 당신이 그 공간에 두는 물건은 그 곳의 힘을 희석시키지 않는 아주 의미 있는 것이어야 한다. 적을수록 더 낫다. 은신처에서는 평화로운 일만 하여라. 그곳에서 세금계산 같은 것을 하면 전혀 다른 연상을 하게 된다. 하루 몇 분간이라도 자신만의 장소에 머문다면 하루 종일 보다 평화로워질 것이다. 지갑이나 주머니에 성스러운 물건을 하나 넣어 다님으로써 고요함과 함께 할 수도 있다.

17
낮잠으로 당신 안의 천재성을 깨워라

셰익스피어는 "잠은 풀린 소매 자락을 다시 기워준다"라고 썼다. 우리는 하루에 평균 8시간가량 잠을 자는 가운데 심신을 회복시키지만 그것이 잘 안 될 때도 있다. 매년 성인 미국인의 1/3이 불면증을 보고하고 있다. Three Mile Island에서 발생한 원자로의 노심용융와 같은 끔찍한 사고뿐 아니라 매년 약 이십 만 건의 자동차 추돌사고도 졸음 때문이다.

누구나 잠이 부족했기 때문에 겪은 일이 있다. 잠이 부족하면 삶을 제대로 즐기지 못하며 관계에 문제가 생기며 건강도 나빠진다. 평생 숙면의 축복을 받았던 나도 폐경기 호르몬 치료 후 초조해지고 땀이

나고 서너 시간 밖에 잘 수 없게 되자 비로소 불면증을 가진 사람들이 이해되었다. 그런 시간에 잠들지 못하고 이불을 뒤척이는 것은 유쾌한 일이 아니었다. 불면증은 긴장과 초조감을 일으키고 집중을 방해하며 우울로 진행될 수 있다. 1995년의 한 연구에 의하면 불면증은 수면제와 의사면담 등 직접적인 비용만 해도 130억 9천만 달러가 들었다고 한다. 장기결석 뿐 아니라 기능과 문제 해결에서의 능력 감소 등의 간접적 비용은 불면증을 개인적 문제 뿐 아니라 경제문제로 만든다.

불면증의 이유는 정말 다양하다. 스트레스에서부터 잠자리에서의 음식섭취나 영화관람 등 모든 것이 연구대상이다. 하지만 연구들은 명백한 죄목, 즉 우리 사회 전체가 리듬을 벗어나있다는 사실을 제외시켰다. 사람은 어두워지면 자고 밝아지면 깨어나도록 되어있다. 나의 전 남편 쿠르트Kurt는 웨스트 버지니아의 한 오두막에서 전기 없이 사는 노인을 알고 있다. 쿠르트가 노인에게 밤에는 무얼 하는지 물어보자, 그는 "잠을 잡니다. 어두워지면 그래야 되는 거 아닌가요?"라고 대답하였다.

인간은 적응하는 생물이어서 대부분 사람들은 불빛 아래에서도 쉬는 법을 알게 되었다. 그러나 이 분주한 시대에서는 보다 더 예민한 다른 리듬이 깨진다. 예를 들면 점심 식사 후 오후에는 에너지가 저하된다. 몸을 상쾌하게 해주는 낮잠을 자는 대신 우리는 커피를 마신다. 쉬어야 되는 시간이라는 몸의 신호를 무시한 채 계속 나아간다. 그 결과 깨어나고 잠이 오는 자연스러운 주기가 무너지고 만다. 과학자로서 나는 낮 시간대의 이런 리듬의 무질서가 밤의 수면 방해의 원인이라고 추측해본다.

나는 대학에 다닐 때 미국 과학 재단의 장학생으로 두족류 연구를 하게 되어 이탈리아의 나폴리에서 동물원 수족관의 문어 조련사로 있었다. 하지만 여덟 개의 다리를 가진 녀석은 정오부터 4시나 4시 30분까지는 혼자 있어야 했다. 그 시간은 인간을 위한 낮잠 시간이었기 때문이다. 우리는 점심을 거나하게 먹고는 낮잠을 잤다. 가게는 문을 닫고 셔터를 내렸다. 그 시간은 리듬을 회복하는 시간이었다. 낮잠을 자는 전통이 있는 나라가 제법 있다. 일부 미국 회사들도 이것에서 한수를 배워 직원들에게 낮잠용 휴게실을 갖추었다. 졸음이 밀려들 때 잠깐 눈을 붙이는 것은 에스프레소보다 훨씬 빨리 회복을 촉진시킨다.

이번 주에는 당신의 수면 양식에 주의를 기울여보아라. 아침에 일어나면 상쾌한가, 아니면 여전히 피곤한가? 불면증이란 불충분한 양 뿐만 아니라 불충분한 질의 수면을 말한다. 피곤하다면 운동을 조금 더 하고 카페인을 끊어라. 이보다 더 중요한 것은 자신의 몸에 귀를 기울이는 것이다. 잠시 낮잠을 자거나 명상을 하여라. 방문에 방해하지 마시오 같은 표지를 걸어놓아라. 일의 정령이 도와줄 것이며 실제로도 그렇다. 몸의 자연스러운 리듬을 맞추면 보다 더 창의적이고 생산적이고 평화로워질 것이다. 낮잠은 당신 안의 천재성을 깨울 것이다.

18
나쁜 습관은 바로 털어내라

대부분 사람들에게 고치고 싶은 나쁜 습관 몇 개쯤은 있다. 하지만 습관을 바꾸기란 정말 힘들다. 몇 년을 내리 금연을 결심하는 애연가들에게 물어보면 제일 잘 알 수 있다. 나쁜 습관은 통제를 할 수 없다는 기분을 들게 하여 에너지를 소진시킨다. 몸은 변하고 싶지만 마음이 약해져 나쁜 습관들을 내버려둔다. 알코올 중독은 치료될 수 있고, 정리에 젬병인 사람도 파일 정리법을 배울 수 있으며, 완벽주의자도 씻지 않은 접시를 밤새 싱크대에 담가놓을 수 있다. 열 번, 혹은 백 번의 시도 끝에 습관을 고치는 경우도 있지만, 마음이 평화로운 사람들은 "고통을 두려워하지 않고" 극복하거나 작은 격려만으로 난관을 이겨내는 수도 많다. 나의 환자였던 "스테파니"의 경우가 그랬다.

스테파니는 일류회사에 근무하는 고위직 비즈니스 컨설턴트였다. 만성 위통으로 고생하는 그녀는 약이 하지 못한 일을 이완법이 해줄지도 모른다는 기대를 품고 스트레스-장애 프로그램에 참여하였다. 스테파니는 삶의 주된 긴장 요인이 자신의 독재적인 상사라고 믿었다. 나는 그와 같은 확언은 늘 감안하여 듣는다. 자신의 문제의 원인으로 다른 사람을 탓하기란 쉽다. 상사가 테레사 수녀라도 불평하는 사람은 있다. 그런데 스테파니를 알아갈수록 그녀는 절대로 그런 사람은 아니었다. 그녀는 관계가 나빠지면 도리어 자신을 비난하는 인내심이 강한 사람이었다.

주변 사람들은 스테파니의 편한 성격을 계속 이용하였으므로 그녀는 늘 자신의 책임량보다 많은 업무를 담당하였다. 몇 차례의 집단상담 후, 그녀는 상사가 자신이 가진 문제의 한 증상임을 깨달았다. 그리고 실제로 동료들의 경우도 매한가지였다. 그들 모두는 이용가능한 사람에 대한 완벽한 탐지기를 가진 상사를 모시고 있었다. 그럼에도 회사의 명성과 좋은 보수때문에 불만이 가득하지만 꽤 큰 운영진이 유지되었던 것이다.

10주 프로그램에서 6주쯤 되자 스테파니는 "나는 계속 참기만 했어요. 이제 그만 둘 때가 되었습니다. 뼈가 부서져라 일하고 혼나면서 상사를 위해 가방을 들고 다니는 게 지겨워요. 현관매트 같은 일은 이만 끝입니다"라고 선언하였다. 방안 가득 박수소리가 울려 퍼졌고 우리는 자신의 에너지를 빼앗아가는 신체적 정서적 습관에 대해 토론했다.

용기courage라는 말은 "가슴heart에 해당되는 프랑스어 쾨르coeur에서 나왔다. 우리는 용기를 내라는 말을 자주 한다. 당신은 할 수 있다. 삶을 향상시키기 위해 작은 한 발자국을 내딛는다면 그 다음 발자국은 좀 더 쉬울 것이다. 신경계는 놀랄 만큼 유연하다. 평생의 태도나 습관도 변화시킬 수 있다. 성인기 거의 내내 알코올 중독자였던 한 친구는 알코올 중독 치료 프로그램에 참가한 후 회복하였다. 그는 일 년 뒤 하루에 세 갑씩 피우던 흡연 습관을 없애려고 시도하였다. 몇 개월 후 45세에는 달리기를 시작하여 지금 그는 마라톤에 참가하고 있다.

이번 주에는 내면의 평화를 방해한다고 여겨지는 습관 목록을 만들어보아라. 힘들더라도 인내심을 가지고 그 중 한 가지를 변화시키기 위한 첫걸음을 내딛어라. 지지자가 있으면 더 쉬우므로 믿을만한 이에게 당신의 의도를 명확하게 밝히고 이후 몇 달 동안 일 주일에 한 번씩 점검해주기를 부탁하라. 그러한 지지는 당신이 그 길을 계속 가도록 격려할 것이다.

19
할 수 없는 일이 아니라 할 수 있는 일을 하라

사람들은 흔히 비현실적인 목표를 세워 자신을 소진시키곤 한다. 2kg이 아니라 10kg 감량을 목표로 하며, 일주일에 서너 번 30분 걸으려고 하지 않고 90분짜리 에어로빅 및 체중 훈련 프로그램을 시작한다. 당연히 곧 포기하게 된다. 자신이 실패자라고 생각되면 마음이 평화롭지 않고 자기-비하가 시작된다. 그러다가 또 다시 어느 화창한 날, 정말 마지막으로 자신의 삶을 통제하고자 하면서 비현실적인 목표를 한 가지 잡고는 마음의 굴복을 고스란히 반복한다. 이제 이러지도 저러지도 못하게 되는 것이다.

우리는 지난 십년 동안 식사법과 운동의 중요성을 듣고 또 들었다.

사실 이런 주제에 대해서 알고 싶은 것 이상의 정보가 넘치지만 도움이 되었던가? 유감스럽게도 미국인들은 이전보다 더 뚱뚱하고 더 움직이지 않는다. 이런 실패는 씹을 수 있는 양 이상을 베어 무는 습관 때문이다. 우리 집의 러닝머신도 그런 이유로 수년간 코트걸이가 되었다. 나는 무릎이 아파와 건강이 나빠지고 있음을 자각하기 전까지 달리기를 자주 했으므로 러닝머신은 우습게 보였다. 달릴 수 없다면 러닝머신으로 일주일에 몇 번 15분짜리 코스를 네 번 걸으면 되겠거니 생각했다. 그건 그렇고 우리 집은 콜로라도 로키 산맥의 8600피트 산 정상 부근에 있어 그냥 숨만 쉬어도 에어로빅 운동이 된다.

몇 번 숨이 차게 운동을 한 후로 러닝머신에 흥미를 잃어버리고 그것을 고문 장치처럼 보기 시작하였다. 어느 날 겨우 25분 만에 녹초가 되었을 때 택배가 왔다. 초인종소리가 정말 반가웠다! 중환자실보다 두 배나 많은 종류의 수치가 나타나는 운동기구의 계기판을 보니 약 250칼로리가 소모되었다. 그만하면 충분하였다. 그 다음 날 나는 폐활량에 아랑곳없이 내가 즐길 만한 느린 속도로 달리기로 결심하였다. 30분 동안 1마일 반밖에 걷지 않았는데 거의 같은 칼로리를 소모했다. 적절한 속도로 30분 걷는 것이 즐겁고 편했으므로 그 다음 날 운동이 기다려졌다. 당신은 고통 없이는 열매가 없다고 생각할지 모른다. 하지만 사실 대부분은 올림픽에 나가려고 운동하는 것이 아니라 단지 제자리에서 녹이 스는 것을 피하고 싶은 것이다.

목표가 무엇이든 보다 더 현실적으로 설정하라. 눈높이를 낮추어

라. 그래야 성공 가능성이 높아지고 그 다음 단계로 가고 싶은 동기가 생긴다. 이것이 통념과 상반되더라도 이것이야말로 목표에 도달하는 최선의 방법이다.

거북이와 토끼의 이야기를 기억하는가? 한 요가 강사는 나에게 한계치의 반 정도까지만 스트레칭을 하라고 가르쳤다. 그의 충고 덕분에 이완하고 내보내기가 잘 되어 요가가 더 좋아졌다.

하고 싶지만 해내기 힘든 것이 있는가? 이번 주에는 어려운 분야를 하나 선택하여 목표를 보다 더 현실적으로 설정해보아라. 할 수 없는 것이 아니라 실제로 할 수 있는 것을 하여라. 예를 들어 만약 식사할 때마다 버터를 두 조각 덜 먹는다면 일 년에 약 3kg의 살을 뺄 수 있다. 일주일에 세 번 보통 속도로 30분 걸어도 그만큼 살이 더 빠진다. 한 달에 500g 정도의 감량이지만 이러한 작은 성공들이 모여 결국 바라던 것을 이루게 될 것이다.

20
작은 변화에 초점을 두라

당신의 삶이 하루 만에 변하기란 힘들며 그러한 변화에 필요한 노력은 상상 이상이다. 하지만 아주 온건한 길이 있다. 《나만의 길을 찾아가는 여자I Am a Woman Finding My Voice》의 저자이자 친구인 재닛 퀸Janett Quinn 박사 이야기를 들으면 이해할 것이다.

오래전 재닛은 호주 원주민 노인들과 함께 일주일을 보낸 적이 있다. 하루는 먹을 것을 찾아 건조한 오지로 차를 타고 나갔다. 나방 유충이나 꿀개미 같은 것이 서양인들에게는 구미가 당기지 않겠지만 오지에서는 진미이다.

울퉁불퉁한 길을 따라 흔들리며 가던 자동차가 갑자기 속도를 낮추었다. 낙타 한 마리가 자신의 속도대로 빈둥빈둥 가고 있었기 때문이었다. 운전사가 경적을 울리자 낙타는 조금 빨리 가다가 자동차에 아랑곳하지 않고 다시 느려졌다. 경적, 빠른 걸음, 다시 느린 걸음이 반복되었다.

재닛은 그 단봉낙타를 바라보다가 사방으로 수 마일의 황야가 펼쳐있는데도 낙타가 그 길만 고집한다는 사실을 깨달았다. 길에서 조금만 각도를 바꾸어도 낙타는 평온한 공간을 다닐 수 있고 경적 소리를 듣지 않아도 되고 서둘러 걸을 필요가 없었을 것이다. 하지만 낙타는 분명 이 생각을 하지 못했고 계속 그 불편한 길을 따라갔던 것이다.

사람들도 마찬가지다. 스트레스를 받고 자신의 인생행로에 만족하지 않으면서도 그냥 계속 같은 방향으로 가고 있다. 사람들에게 왜 환경을 바꾸지 않느냐고 물어보면 대부분 "두렵기 때문"이라고 답한다. 그들은 자신이 속해있는 상자를 잘 알고 있으며 그것이 불편하지만 적어도 익숙하다. 하지만 변화가 올 경우 미지의 것이 현재의 조건보다 나빠질 수 있다. 알고 있는 적이 모르는 적보다 더 안전하게 여겨진다. 또한 변화를 시도할 때 감당해야 하는 일의 양에 압박감을 느끼게 되어 두려워진다. 하지만 낙타를 생각해보아라. 각도를 조금만 변경했어도 무한한 자유를 누렸을 것이다.

나는 간호사가 꿈인 "쇼나Shawna"라는 취업 주부를 아는데, 그녀는 수년 간 그 낙타처럼 자신의 익숙한 길에 머물렀다. 그녀에게는 많은 그럴듯한 이유가 있었다. 학교에 가려면 시간과 돈이 많이 들며 학업 때문에 직장을 그만 두면 그녀와 아들은 어떻게 살아갈 것인가?

그러다가 쇼나는 작은 것부터 시작해보았다. 그녀의 직장에서 지방 대학의 평생교육과정의 학비를 지원해주었으므로 생물학과에 등록해서 즐겁게 공부했다. 학과 교수가 간호학과에 입학하는 나이든 여성을 위한 장학금이 있다고 알려주어 지원하여 장학금을 받았다. 학생 대출로 생계비의 대부분을 처리했고 모자라는 부분은 일주일에 두 번 식당일을 하여 메웠다. 쇼나는 최근 간호사가 되었다. 그녀가 근무하게 된 병원에서는 그녀에게 대부분의 빚을 갚기에 충분한 현금 보너스를 주었다. 한 작은 변화… 그리고 믿을 수 없는 기회들이 열린 것이다.

심리학자인 엘렌 랑거Ellen Langer는 새로운 것을 시도하는 사람들이 제자리에 안주하는 사람들보다 더 건강하고 행복하다는 사실을 발견하였다. 심지어 집으로 가는 동선을 달리해보는 것도 유익하다. 그녀는 자신의 책 《마음챙김Mindfulness》에서 다양함은 우리가 삶에 몰입하도록 해준다고 강조한다. 만약 같은 길로 백 번 가면 쉽게 길을 찾지만 낯선 동네에 발을 디딘다면 마음을 집중해야만 할 것이다. 집중은 호기심을 일으키고 모험에 가득 찬 인생을 만든다. 내가 아는 한 사람은 어느 날 출근길에 새로운 길을 시도하다가 교통체증에 갇히고 결국 사고가 났다. 하지만 끝이 좋으면 다 좋은 법, 그녀는 그녀의 차를 친 남자와 결혼하였다.

이번 주에는 날마다 두 가지씩 작은 변화들을 시도해보아라. 다른 길로 가보고, 저녁에 TV를 보지 않고, 특이한 음식이 나오는 식당에 가보고, 치약을 바꿔보고, 모르는 이에게 미소를 지어보고, 코메디언 그루초 막스Groucho Marx 안경을 끼고 출근하고, 낯선 슈퍼마켓에 가보고, 머리 모양을 과감하게 바꿔보고, 디저트를 먼저 먹어보고, 한 번도 시도해보지 않은 종류의 옷을 사서 입어보아라. 할 것은 무궁무진하다.

주말에는 이런 작은 변화의 결과를 살펴보아라. 자신의 삶이 낙타처럼 익숙한 길에 묶여있다고 여겨지면 할 수 있는 작은 변화들을 찾아보아라. 닦여진 길을 벗어나면 완전히 새로운 풍경이 당신의 탐험을 기다리고 있다.

PART 3

시간과의 관계를 변화시키는 법

Inner Peace For Busy People

21
시간을 절약한다는 것의 참된 의미를 이해하라

대부분의 사람들은 다람쥐 쳇바퀴 마냥 획득과 사용을 반복하는 생활에 익숙하다. 시간은 곧 돈이다. 따라서 효율성이 핵심이다. 보다 적은 시간에 보다 많은 일을 하려고 든다면 삶의 계절에 가득찬 시간이 적이 된다. 우리는 모래시계 속의 모래처럼 시간이 떨어지는 것을 세면서 바라본다. 그런데, 무엇을 위하여 그렇게 하는가? 자신을 내몰아 미친 듯이 달리기 위해서인가? 아니면, 도토리 속 참나무 벌레처럼 시간 안에 숨겨진 무한한 가능성을 맛보기 위해서인가? 시간을 절약한다는 것은 불안한 마음에 일을 더 많이 하는 문제가 아니라, 매 순간 펼쳐지는 것의 본질을 음미하는 문제이다.

몇 년 전 한 잡지에서 시간 절약에 관한 여러 가지 “유용한 힌트”를 읽었다. 그 기자는 머리에 샴푸를 두 번 하지 말고 한 번만 해서 소중한 몇 분을 절약하라고 권했다. 불현듯 어린 시절의 즐거웠던 기억이 떠올랐다. 내가 욕조에 앉아있으면 어머니가 샴푸를 두 번 해주었었다. 지금도 샴푸할 때 뻑뻑 문지르는 소리가 나면 저절로 어머니의 사랑을 느끼곤 한다. 나는 잡지에서 말하는 대로 시간 안에 마치려고 샴푸를 한 번만 해보았는데 샤워는 2, 3분 일찍 마쳤지만 마음이 언짢았다. 이것이 삶이 도달점인가? 이렇게 숨차게 달려서 결국 탈진하는 것이?

그 다음 날 아침 나는 샤워를 급하게 하지 않기로 마음먹었다. 따뜻한 물의 감촉과 크림 같은 비누거품도 삶의 달콤한 기쁨이다. 김이 피어오르는 따뜻함 속에서 근육을 풀고, 3분짜리 자동 세차를 흉내내는 게 아니라 스스로 마사지를 하며 즐길 수 있다. 나는 머리를 두 번 감았을 뿐 아니라 이런 소소한 행동이 주는 즐거움을 만끽하면서 빈둥거렸다.

게으른 고양이가 되어 샴푸에 집중해보니 내가 하고 있는 일에 대하여 지금까지 얼마나 멍했었는지 깨달았다. 나는 그 순간이 아닌 다른 데로 가 있었다. 시간은 새어나갔고 나 없이 그렇게 흘러갔다. 몸은 움직이면서 한 곳에 있었으나 마음은 다른 곳에 가 있었다. 샤워를 하는 중에도 나는 그 날 계획을 잡거나 마무리하지 못한 사업 생각을 하면서 효율성의 모델이 되었다.

현대 문화는 효율적인 다중 작업을 자랑스러워한다. 먹으면서 읽고, 공부하면서 TV를 보고, 운전하면서 생각한다. 우리가 스트레스를 받고 우울한 것은 당연하다.

작은 것이라도 자신의 마음을 온전히 한 곳에 두는 시도를 해보기를 바란다.

예를 들어 샤워를 보자. 왜 샤워를 일상이 아니라 순간순간 기쁨의 감각과 평화를 펼쳐주는 명상으로 생각할 수 없는가? 샤워기 아래에서 호흡에 집중해보아라. 숨을 내쉬면서 과거와 미래를 내보내며 현재로 깊이 들어가라. 따뜻한 물이 물결치며 당신을 씻게 하라. 물을 발바닥으로 모든 피로감과 부정성을 씻어내는 빛의 폭포수라고 상상해보라. 어린 아이의 머리를 감기듯이 보살피는 마음으로 부드럽게 머리를 감아라. 마음이 헤맨다고 느껴지면 심호흡을 한 후 이 단순한 명상으로 돌아오라. 당신은 하루 종일 보다 더 많은 에너지와 평화를 누릴 것이다.

이런 방법을 당신의 모든 일에 적용해본다. 당신은 어깨에 힘을 주고 얼굴을 찌푸리면서 설거지를 하고 접시를 정리하며 소중한 순간을 날려 보낼지도 모른다. 그렇게 일을 마치면 신경이 곤두서고 몹시 고단할 것이다. 아무도 당신의 효율성에 고마워하지 않는다. 그들이 보는 것이라곤 당신이 괴물로 변했다는 것이다. 효율성 따위는 던져버리고 깊은 호흡을 하면서 그 순간으로 들어가면 접시를 찬장으로 올리면서 근육의 감각을 즐길 수 있다. 운전을 할 때도 결승선으로 돌진하는 게 아니라 느긋하게 경치를 즐기며 갈 수 있다.

속담에서 이르듯 서두르면 손해다. 서두르면 접시를 깨고 자동차 사고가 나기 쉬울 뿐 아니라 삶의 정수를 허투루 낭비하는 것이다. 삶은 당신이 샤워를 끝냈을 때, 식기세척기를 비웠을 때, 아침을 먹은 후, 아이들이 자러 가면, 보고서가 완성되었을 때, 혹은 변화가 끝났을 때 생기는 것이 아니다. 삶은, 한 번에 한 순간씩, 지금 일어난다. 당신이 순간 안에 존재한다면 효율성이 저절로 가동되어 시간은 느려지고 삶은 다시 기쁨이 된다.

이번 주에는 당신이 일상을 어떻게 구성하는지 살펴보아라. 시간의 효율성에 지나치게 의존한다면 다른 방식으로 접근해보아라. 한 입 한 입 다른 맛을 감지할 수 있도록 천천히 먹으라. 상대방의 가슴으로 녹아들만큼 힘껏 안아보아라. 그렇게 하는데 몇 초, 몇 분이 더 걸릴지 모르지만 이완으로 모든 일을 즐긴다면 결국 더 많이 이루게 될 것이다. 당신과 당신의 삶이 하나가 되어 진정한 자기자신이 될 것이다.

22
완벽주의를 버려라

중독자들은 흔히 "할 만한 일은 무엇이든 과하게 할 가치가 있다"는 것을 신조로 삼는다. 완벽주의는 사회적으로 용인되는 것이긴 해도 일종의 중독이다. 대개의 중독이 그렇듯이 완벽주의는 불쾌한 감정을 벗어나 마음이 불편한 곳 밖에 머물도록 한다. 보다 충만하고 풍요로운 삶을 누리기 위해서는 핵심 문제를 치유하는 것과 같은 더 좋은 방법이 있다. 더군다나 인간은 끝없이 창조적이라서 완벽이 불가능하므로 이를 고집한다면 분명 낮은 자존감으로 고통스러워질 것이다. 왜냐하면 당신이 했던 모든 일은 결국 더 잘 할 수 있었던 일이 될 것이므로.

나는 가끔 실패하기도 하지만 완벽주의에서 회복되는 중이다. 온 집안이 북적이던 어느 크리스마스 아침이었다. 나와 장성한 두 아들은 요리를 하느라 정신이 없었다. 오븐에는 허브 빵이 부풀고 있었고 와플과 베이컨은 맛있는 냄새를 풍기고 있었다. 냄비에는 달걀이 익고 있었고 특별히 높은 높이로 준비된 케이크가 구워지고 있었다. 우리는 요리책에서 권하는 얇은 케이크 대신에 8인치 높이의 이단 케이크를 만들었다. 그것이 축제 분위기에 더 어울린다고 생각했다.

케이크는 완성 5분 전에 오븐 타이머가 울리도록 맞추어놓았다. 타이머가 울리자 안드레이가 이쑤시개를 들고 다 되었는지 보러 갔다. 아뿔싸, 케이크는 그야말로 날이기고 없었다. 우리는 팬이 달라졌으므로 시간을 다시 조절해야하는 것을 깜빡했던 것이다. 나는 완전히 실패자가 된 기분이 들었고 자신에게 너무나 화가 났다. 나는 살림살이 불합격자, 얼간이 부엌데기가 되었다. 우리는 정말 정성껏 반죽을 했었다. 모든 재료를 방 온도에 맞추었고 촉촉한 크럼즈를 만들기 위하여 초콜릿 녹인 것을 차갑게 식혀놓았다. 그 케이크는 그날 저녁 친구들과의 만찬모임에 가지고 갈 것이었다. 그런데 이 모든 수고와 계획 뒤에 남은 것이라곤 토스트가 되어버린 마분지 같은 것이었다.

우리 가족은 나의 완벽주의가 문제라는 걸 잘 알고 있었다. 완벽주의자들은 일이 제대로 되지 않으면 화를 낸다. 자신의 마음의 평화를 내다버릴 뿐 아니라 그 과정에 있던 사람들의 마음까지 불편하게 한다. 아들들은 나의 완벽주의가 어처구니없게 보일 때까지 과장함으로써 이 불쾌한 성질을 다루었다. 그런 식으로 그들은 내가 크리스마스를 망친 괴물이 되지 않도록 도와주었다.

안드레이는 내 동생 알랜에게서 배웠던 노래를 계속 불렀다. "끔찍하네, 끔찍해. 케이크가 타버렸네. 끔찍해."

큰 아들 저스틴이 끼어들었다. "그것뿐 아니라네. 베이컨도 모자라네. 네 명인데 20개 밖에 없다니. 끔찍하네, 끔찍해." 저스틴은 동생을 보았다. "무엇하러 집에 왔니? 대접이 끔찍하네, 끔찍해."

안드레이가 계속했다. "지난밤에는 강아지가 마루에 오줌을 쌌네. 그것은 엄마의 일, 엄마가 강아지를 제 때에 데리고 가지 않았네. 끔찍하네, 끔찍해." 이쯤 되면 모두 웃음이 터져 버린다. 케이크가 탔을 뿐이지 끔찍한 일은 아닌 것이다. 나의 완벽주의에 대한 과장이 너무나 웃겨 케이크가 완벽해야만 한다는 욕심을 금방 날려 버릴 수 있었다. 우리는 탄 부분을 떼어내고 남은 부분에 초콜릿 버터 그림을 발랐다. 마분지도 이렇게 하니 그런대로 괜찮았다.

친구 집에 가서 나는 케이크가 타서 바삭거릴 거라고 말했다. 어쨌든 예쁘다는 데는 동의했다. 맛이야 예상대로였다. 중요한 것은 우리는 케이크를 만드는 과정을 즐겼고 편안하게 받아들였다는 사실이다. 케이크가 톱밥처럼 바삭거렸지만 아무도 신경 쓰지 않았다. 타버린 케이크를 장식하려고 애쓰던 추억이 완벽한 케이크였을 때보다 더 좋았다. 그것은 가족의 이야기가 되었다.

나타니엘 호돈Nathaniel Hawthorne이 쓴 이야기는 내가 완벽주의를 버리는데 도움이 되었다. 그것은 오직 한 가지 사소한 결점을 가진 아름다운 여자와 결혼한 화학자 이야기였다. 그녀의 한 쪽 뺨에는 손 모양의 아주 작은 적포도주색 반점이 있었다. 그 화학자는 반점을 없애는 크림을 발명하는 데에 전념하였다. 많은 시도 끝에 마침내 성공하였지만 반점이 사라지면서 그녀의 생명도 꺼져갔다. 그녀가 죽어가자 슬픔에 겨운 남편은 뒤늦게야 완벽한 것은 오래가지 않는다는 사실을 깨달았다.

완벽에 초점을 두는 것의 가장 해로운 점은 마음을 좁힌다는 것이다. 화학자는 아내의 반점에만 관심을 두었으므로 그녀의 아름다움을 즐길 수 없었다. 그의 집착이 있는 그대로의 그녀를 사랑할 능력을 앗아가버린 것이다.

완벽주의가 해가 되는 것은 당신을 현재에서 끌어내 과거나 미래로 데려가기 때문이다. 평화란 오직 현재 순간에 존재하므로 완벽에의 욕망이 일어나면 평화는 사라진다. "만약 케이크를 조금만 더 빨리 꺼냈더라면 완벽했을 텐데… 만약 다른 옷을 가져왔다면 여행이 더 즐거웠을 텐데… 3kg만 살을 빼면 행복할 텐데." 이런 식으로 당신은 불행을 사실로 받아들이는 것이다.

이번 주 동안은 완벽주의를 침입자로 여겨보기 바란다. 만약 완벽주의가 어떤 일이 제대로 되어야지 행복할 거라면서 악마의 거래를 하려할 때 그 미끼를 물지 말라. "이게 바로 완벽주의구나. 이건 함정이다. 나는 그것을 알아채고 보내버릴 수 있다"라고 주문을 걸어라. 완벽주의에 굴복해버려 자신이 불행하다고 여겨진다면, 당신이 처한 상황을 "망쳤어, 망쳤어"라고 말하며 과장해보아라. 그런 다음 그 상황을 맑은 정신으로 되돌아보아라. 정말 그렇게 끔찍한 일인가? 한 시간, 하루, 일주일, 혹은 일 년 뒤에도 상관이 있는 일인가?

직면하라—대개의 경우 아무도 상관하지 않는다.

23
저항을 포기하라

하지 않으면 안 되는 일을 미루는 것은 엄청난 시간 낭비일 수 있다. 어떤 일이 너무 하기 싫어서 내내 불평하다가 막상 시작해서는 그것을 즐긴 적은 없는가? 나의 경우 냉장고 청소가 그러했다. 그것은 가능한 한 미루고 싶은 일이었다. 하지만 냉장고문을 열 때마다 냉장고가 청소하기 싫어하는 나를 비웃는 듯했다. 가전제품 하나 때문에 마음의 평화를 잃는다는 것은 한심한 일이다.

어느 날 오렌지 주스가 새는 바람에 브로콜리가 젖고 찐득한 주스가 뚝뚝 흘러내려 청소를 하지 않을 수 없게 되었다. 그렇게 싫던 일을 일단 하기로 마음먹고 선반을 치우기 시작하자 보물찾기나 고고학자의 발굴 작업마냥 재미있었다. 살구잼 세 병을 한 병으로 모은 것은 책 한 권을 쓴 것만큼 기분이 좋았다. 나는 순간을 즐기고 집중하면서 무적의 전사가 되었다. 마샤 스튜어트도 분명 나를 칭찬했을 것이다. 반짝거리는 냉장고문을 닫으면서 나는 냉장고에 저항하느라 그 많은 에너지를 낭비한 사실을 생각하니 화가 날 지경이었다.

일상에서 해야 하는 일은 단순하고 재미있는 일과 실제적으로 어려운 일이 섞여있다. 친구와 점심을 먹는 것은 치과에 가거나 허가 제안서를 다듬는 것 보다 훨씬 더 마음이 동하는 일이다. 좋아하는 일을 하면 에너지가 생긴다. 선한 의지를 가지고 좋아하는 일을 완성할 때 마음은 잠시 쉬면서 일의 완성 자체를 기뻐하고 평화와 에너지가 밀려든다. 그것은 다음 과제에 열정적으로 임하도록 격려하여 당신은 곧 삶의 의무들을 즐기면서 현재 순간에 확고히 닻을 내리게 된다.

그러나 대개 그러한 목록의 주변에는 몇 가지 정말 하고 싶지 않은 잡일이 숨어있다. 그것을 무시하고 싶지만 그것은 그대로 있고 당신의 에너지를 좀먹는다. 이런 일은 그 일을 해치울 때까지 당신을 붙어 다니므로 몹시 마음이 쓰이고 실제보다 훨씬 더 바쁘게 느껴진다. 그것은 새벽 세 시, 혹은 사랑을 나눌 때조차 함께일 것이다. 이것은 얼마나 모순인가. 가장 싫어하는 일이 정신적 시간의 대부분을 잠식하는 것이다.

관계가 소원했던 친구에게 사과의 전화를 걸어보지 않겠는가? 복잡한 새 건강 보험 신청서를 마무리하지 않겠는가? 찬장 안의 병 더미가 무너져 무고한 사람이 다치기 전에 분리수거를 해야 하지 않겠는가? 아마 세금 신고서를 기일 내에 완성할 수 있을 것이다. 해야 하지만 하지 않고 있는 일은 당신을 순간에서 끌어내려 스트레스와 긴장을 일으켜 좀 더 창조적으로 사용할 수 있는 많은 주스를 짜내버리는 것에 다름 아니다.

하기 싫더라도 끝까지 해보라는 말이 있다. 그 일이 싫다고 불평을 하는 순간 당신은 바로 스트레스를 느끼고 평화를 잃게 된다. 실제로 시작해보면 생각보다 훨씬 더 쉬운 경우가 많다. 냉장고 청소만큼 재미있을지 모른다.

한두 가지 쯤 하기 싫은 일이 있을 것이다. 이번 주에는 그런 일을 해보아라. 하지 않은 일이 당신을 소진시키는 것보다는 하기 싫은 일에 굴복하는 습관을 들이면 삶이 보다 덜 분주하고 더 평화로워질 것이다.

24
거절하는 법을 배워라

대부분의 여자들(그리고 일부 남자들)처럼 나는 부탁을 거절할 때 죄책감을 느끼곤 한다. 합당한 요구를 거절해야 하는 경우 내가 이기적이라는 생각이 들어 마음이 불편하다. 하지만 우리는 이기심과 자기-보살핌을 구별해야 한다. 하나의 일에 아니오라고 하는 것은 그 외의 것에 예라고 한다는 의미이다. 만약 내가 잘 모르는 사람의 원고를 읽어볼 것을 거절하는 것은 가족과 친구, 하이킹과 스키, 휴식과 이완을 위한 시간을 소중히 한다는 뜻이다. 대부분의 직장인들처럼 나는 여유로운 시간이 부족하므로 시간이 주는 삶의 에너지를 잘 조절해야 한다.

내가 치료사로서 수련감독과 치료를 동시에 받을 당시 아니오라고 말하는 법을 배우는 것이 중요한 주제였다. 사실 나는 부탁을 하는 사람 모두에게 시간과 관심을 주려는 타입이었다. 내가 편안하게 아니오라고 말할 수 있는 이는 나 자신뿐이었다. 감독자는 50분 동안 다른 사람들에게 아니오라고 말함으로써 자신에게 예라고 말하는 법을 가르쳤다. 그가 어떤 요구를 하든지 나는 거절해야만 했다.

"우리 집 화장실 청소 좀 해주실래요?" 그런 것은 거절하기 쉬웠다. 하지만 "이번 주에 벌써 돈이 다 떨어져 아이들이 먹을 게 없습니다. 100달러만 빌려줄 수 있나요?"와 같은 부탁에는 어찌할 도리가 없었다. 연습이긴 해도 나의 모든 에너지는 돈을 빌려주려 했나. 나는 자신을 정당화하고 그의 부탁을 존중하는 게 불가능한 이유를 변명하기 시작하였다. 감독자의 반응은 짧고도 냉철하였다.

"그렇게 하지 마세요! 자신을 정당화할 필요가 없어요. 당신은 존경받을 만한 가치가 있는 인간이므로 자신의 견해와 결정을 존중할 권리가 있어요. 자신을 설명하려 하지 말고, 자신이 가치 있다고 여기는 그 자리에 확고하게 서 있으세요. 당신은 다른 사람들의 사랑을 받기 위하여 예라고 말하는데, 그게 문제입니다. 잘 들으세요. 당신은 충분합니다. 사람들의 사랑을 살 필요가 없어요. 만약 당신이 그만두지 못한다면, 진실을 말하거나 다른 사람들의 행동에 대해 적절한 경계를 그을 수가 없으므로 치료자, 친구, 연인, 혹은 부모로서 쓸모가 없어지게 될 것입니다. 그저 현관 매트가 될 뿐이지요."

정확한 지적이었다. 우리는 그 다음 주 과제를 아니오라고 말하기로 정했다. 나는 동의한대로 하겠다고 약속하면서 서명을 했다. 암 연구자 및 심신 연결 전문가인 나는 상당한 양의 원고를 받았다. 사람들은 내가 그 미완성의 원고를 읽고 책의 추천사를 써주기를 부탁하였다. 내가 이런 요청에 예라고 말하는 것은 10~12시간의 작업을 의미하였다. 분주한 생활에 더해진 이런 원고는 최악이었다. 원고를 보기만 해도 심장이 쿵쾅거렸다. 그럼에도 불구하고 많은 원고가 가치가 있는 내용들이어서 읽곤 했다. 나는 도와주고 싶었다.

그 과제 주간 동안 의사 협회에서 강연이 있었다. 내가 막 강단에서 내려오자 한 여성이 손에 원고를 든 채 다가왔다. 그녀는 진행 난소암을 기적적으로 극복한 사람이었다. 그녀는 눈물을 글썽이며 내가 그녀의 회복에 중요한 역할을 했다고 하면서 내가 자신의 이야기를 읽을 거라는 생각에 흥분되어 있었다. 나는 참았다. 수련감독자 앞에서 서명한 계약서가 눈앞에서 번쩍였다. 심장이 쿵쾅거리고 입이 바싹 말랐지만 용기를 내어 자신을 정당화하지 않으면서 친절하고도 부드럽게 원고 읽기를 거절하였다.

그 여자는 험상궂게 변하더니 내가 자기 밖에 모르는 사기꾼이라고 비난하면서 씩씩거리며 가버렸고 한 무리의 사람들이 눈을 휘둥그레 뜬 채 구경하였다. 타이밍이 절묘했다. 돌이켜보면, 최악의 시나리오를 직면했기에 강렬한 불편감은 가치가 있었다. 그녀는 분노에 차 있었지만 나는 아직 살아 있다. 그 사건이 전환점이 되었다. 아직 아니오라고 말하는 것이 힘들 때가 있지만 그것이 가장 현명한 선택일 때에는 그렇게 할 수 있다.

"아니오"는 정서적 면역계와 같은 경계이다. 신체 면역계는 "자기"와 "비자기"를 구별하는 기능을 한다. 그것의 임무는 박테리아, 바이러스, 기생충과 같은 침입자를 물리치는 것이다. 면역계는 최적 활동을 위하여 신체의 통합을 유지하지만 때로 실수로 비자기를 자기로 오인하기도 한다. 이렇게 되면 관절염이나 다중 경화증과 같은 자가 면역 상태가 되어 신체가 자신을 파괴하게 된다. 이는 우리가 아니오라고 말하지 못할 때 정서적으로 자신에게 하는 것과 똑같다.

이번 주에는 부탁에 대한 당신의 반응 방식에 주의를 기울여 보아라. 성급하게 아니오라고 하는 사람도 있고 바로 예라고 말하는 사람도 있다. 어느 방식에서나 균형을 벗어나 있다는 생각이 들면 대답을 하기 전에 시간을 가져라. "한 번 생각해보겠습니다"는 최상의 행동을 결정할 시간을 벌게 한다. 이것은 당장에는 다른 사람이 듣고 싶어 하는 반응이 아니겠지만 당신에게는 평화와 힘을 줄 것이다.

25
시간의 리듬에 맞추어 살라

서양 문화권에서는 시간을 선으로 본다. 시간의 흐름은 해적선의 판자 위를 걷는 것과 비슷하다. 우리는 태어나고, 시간의 판자를 걷고, 죽고 바다로 떨어진다. 하루하루도 선이다. 우리는 오전의 어떤 시각에 일을 시작해서 밤늦은 시각에 마친다. 일은 구체화된 순서대로 시간에 따라 꿰여져 있다.

하지만 훨씬 더 부드럽고 더 리듬적으로 시간에 접근하는 문화도 있다. 시간과 일은 보다 더 섬세한 관계 속에서 함께 움직인다. 어느 겨울 전남편 쿠르트와 나는 그러한 문화권을 방문한 적이 있다. 우리는 세인트 존Caribbean Island of St. John이라는 섬의 마호 만Maho Bay에서 잔 물결이 보이는 절벽의 누각에 앉아있었다. 펠리컨이 하늘에서 우아하게 낙하하더니 물고기를 잡으러 물속으로 들어갔다. 아름다운 새소리가 아침의 날개 위로 솟아올랐다. 하지만 나는 충만하고 거룩한 자연 속에 완전하게 존재하지 못하고 여전히 세 개의 선형적 시간대를 따라가고 있었다.

《시간전환Timeshifting》의 저자이자 통합의학자인 스테판 레흐샤펜Stephan Rechtschaffen은 내가 운영진으로 있는 워크숍/휴가 주간을 소개하였다. 그는 "섬에서의 시간"이란 주제로 바쁜 일상이 어떤 식으로 보다 느린 리듬으로 전환되는지를 연구하였다.

그는 섬으로 물건을 나르던 나룻배에 관해 이야기하였다. 그 배의 옆에는, "우리는 정확히 목요일에(어떤 시각이 아니라) 출발합니다"라고 적혀있었다. 이것이 바로 섬 시간이다. 일은 임의의 지정된 순간이 아니라 모든 힘이 조화롭게 되는 적절한 순간에 일어난다.

미국 인디언들도 이와 비슷한 시간 개념을 지니고 있다. 언젠가 나는 애리조나 윈슬로우Winslow의 나바조 건강 서비스Navano Health Service에서 강연을 하였다. 강연은 오전 9시에 시작되기로 예정되었다. 나는 늘 그랬듯이 준비를 잘하는 바쁘고 정확한 전문가였다. 그런데 정한 시간이 되어도 사람들이 계속 들어왔다. 그들은 아주 즐거워하며 여기저기 돌아다녔다. 오전 중반쯤 되자 방은 차츰 세이지 연기로 가득 차게 되었다. 나는 초조해지기 시작하였다. 그들은 내게 강연의 대가를 지불하였고 나는 그들에게 그 돈의 가치를 보답하여야 했다.

10시 반 쯤 회의가 공식적으로 시작되긴 했으나 나는 강연을 하지 못했다. 그들이 만남의 춤을 추기 위해 원을 만들었기 때문이다. 나는 춤이 끝날 즈음 강연을 거의 포기하였지만 점심 식사 직전에 마침내 강연을 하게 되었다. 우리는 한 마음으로 전체적인 리듬 속에 있었다. 나는 수용적이고도 조화로운 집단 앞에서 이야기를 하기 시작하였다. 그들은 시작이 몇 분만 늦어도 난리가 날 것 같던 허리를 꼿꼿이 세운 다른 모임 참가자들과는 완전히 다른 상태에 있었다.

어떤 사람들은 시간이나 분보다 훨씬 더 작은 시간의 증가에도 걱정하고, 계획하고, 경쟁한다. 나노초(10억분의 1초)에도 경쟁한다. 하지만 시간이 리듬을 잃어버리면 우리가 원하는 결과는 쉽게 사라진다.

스테판 레흐샤펜Stephan Rechtschaffen은 세인트 존 섬에서 스노클링을 할 때 열대어를 최대한 많이 보려고 작정했던 여자 이야기를 하였다. 그 여자는 자신이 관찰하는 열대어를 체크할 수 있는 플라스틱 열대어 그림판과 방수 마카펜을 샀다. 하지만 열대어가 한 마리도 보이지 않았다. 그래서 그녀는 빨리 헤엄을 쳤다. 열대어들이 숨어있는 것 같았다. 그녀는 더 빨리 헤엄을 쳤다. 마침내 탈진한 그녀는 그만 포기하고 그냥 떠 있었다. 시간에 대한 그녀의 공격적인 생각이 바다의 리듬에 굴복하는 순간 마침내 열대어들이 나타났다.

놀랍게도 우리는 시간의 흐름에 굴복하지 않고 약탈자 마냥 채찍질을 가함으로써 많은 시간을 낭비하고 분주해진다. 나이가 들수록 나는 가능한 한 리듬에 맞춰 살려고 마음먹었다. 해야 할 일에 선형적인 방식으로 접근하지 않고 그것이 나에게 접근하도록 둔다. 만약 생활의 리듬이 전화에 응답하기보다는 벽장정리를 좋아한다면 그렇게 해야 하는 것이다. 만약 책을 읽기보다는 글을 쓰고 싶으면 그 욕망에 굴복해버린다. 그 순간에 떠오르는 힘의 집합에 협조하는 것이 효율성과 평화의 근본 비결이다.

현대의 생활은 때로 리듬에 있지 않은 일도 해야만 한다. 분기별 세금계산이 다가오고, 막 최종 서류를 받았고, 아이들을 태워줘야 하고, 혹은 지금 당장 전화를 걸어야 한다. 그런 일은 현실적으로 미룰 수 없는 것들이다. 하지만 미룰 수 있는 것도 많다. 원고를 쓸 시간이 한 달, 보험 양식을 제출할 시간은 이 주일 남아 있을 것이다. 일을 임의적인 선형 시간으로 할당하는 대신 바른 리듬을 기다린다면 삶이 좀 더 쉽고 훨씬 더 유쾌하게 될 수 있다.

시간과의 올바른 관계의 본질은 유연성으로 정신 건강의 강력한 척도이기도 하다. 삶의 힘이 당신의 의도와 다른 방식으로 엄습할 때 당신은 계획을 변경할 수 있는가?

이번 주에는 당신의 할 일 목록에 리듬적 시간 접근법을 시도해보아라. 이것은 미루는 것이나 혼란을 옹호하는 것이 아니라 당신이 삶에 대해 한 번에 한 음표가 아니라 선율로써 접근하도록 바라는 것이다. 결국 당신은 일을 마칠 것이며 결과는 보다 창조적이고 우아할 것이다. 또한 당신은 분명 보다 더 평화로울 것이다.

26
단순한 기쁨을 즐겨라

"기분이 최고야"라는 말은 정말 즐겁다는 말이다. 하지만 기쁨이 시간의 척도라면 대부분의 인생은 지극히 짧다. 많은 날이 일과 소비로 분주하므로 삶에 의미를 주는 단순한 기쁨은 자주 무시된다.

예를 들어, 나는 정원 가꾸기를 좋아하는데 친구들이 선의로 그것을 그만 두라고 한 적이 있다. 20년 전 쯤 일주일 간 가족여행을 떠나게 되자 친구들이 자발적으로 우리 집을 봐주기로 했다. 휴가에서 돌아왔을 때 나는 단순함의 가치에 대해 원치 않는 설교를 듣게 되었다.

친구들이 바라는 단순화의 목표는 식물에 대한 나의 엄청난 욕심인 것 같았다. 그 많은 식물을 보살피는 것이 친구들에게 부담이 되었던 모양이었다. 그들은 "식물을 다른 사람들에게 주면 여유로워지고 편하지 않겠니?"라고 조언했다. 하지만 왜 그래야 되는가?

그들의 충고는 목표를 이루지 못하였다. 식물들을 보살피는 게 그들에게는 분명 소모적인 것이었지만 나에게는 에너지의 원천이었다. 나는 잎사귀들이 빛을 잘 받도록 화분을 돌려놓고, 새잎이 나오는 것을 지켜보고, 각각에 물을 어느 정도 주어야하는지 알게 되고, 분갈이를 하는 것이 좋았다. 나는 특이한 식물을 발견할 때를 대비하여 가방에 비닐 봉지와 스위스 칼을 넣고 다녔다. 가루 같은 곤충을 떼어버리는 것도 즐거웠다. 한 마디로 나는 식물 매니아였고 지금도 그러하다. 식물을 기르는 것은 나의 영혼을 살찌우는 방식이다. 단순함이란 명목하에 그것을 그만 둔다는 것은 정말 어리석은 행동이었을 것이다. 그것은 그 자체로서 삶에 기쁨과 평화를 가져올 수 있는 가장 단순한 기쁨 중의 하나이다.

단순함은 당신이 소유하는 물질의 수가 아니라 삶이라는 옷감에 기쁨을 짜 넣는 문제이다. TV를 보는 것은 힘을 주고 격려하고 가르치고 영감을 불어넣을 경우에는 즐겁지만 수동적인 방식의 즐거움이 되기 쉽다. 밤새 TV를 보고 난 뒤, "와, 정말 괜찮았어. 좋은 시간이었어"라고 말하는 경우는 거의 없다. 진정한 기쁨은 당신을 전자파 구역으로 불러들여 단절시키기보다는 다시 삶의 망과 연결시켜줄 것이다.

대부분의 분주한 사람들과 마찬가지로 나 역시 시간을 현명하게 사용해야 하며 그렇지 않으면 깨어있는 시간은 거의 일로 꽉 차게 된다.

또한 돈도 신중하게 사용해야 하는데 불필요한 물건에 돈을 쓰다가는 곤란한 지경에 이를 것이다. 하지만 모든 사람은 나름의 선택을 한다. 새 먹이통을 채우는 데에는 돈과 노력이 들겠지만 부드러운 깃털의 딱따구리나 파란 어치가 지저귀는 것을 보는 것처럼 영혼을 고양시키는 것은 없다. 나는 실내든 바깥이든 식물을 가꾸는 것을 좋아한다. 물을 주고 여름철 동안 페튜니아 상자를 간수하는 것은 힘들지만 그러한 수고로움은 자주, 빨강, 분홍 꽃송이를 보는 순간 다 달아나버린다. 단순함이란 명목 하에서는 애완동물은 분명 없어야 한다. 하지만 털이 북실북실한 나의 개 네 마리는 언제나 기쁨과 우정의 원천이다.

이번 주에는 삶에 여유를 가져주는 단순한 기쁨에 대해 생각해보아라. 집을 자세히 살펴보아라. 당신이 소유한 것들이 힘을 주는가, 아니면 소진시키는가? 만약 가치가 없고 성가신 것이 있다면 단순화가 정답이다. 이런 경우를 위해 차고 세일이 있다. 만약 당신이 습관적으로 TV를 보는 사람이고 보다 더 단순한 기쁨을 찾고 싶다면 TV 단식을 시도하라. 잃어버린 많은 시간이 펼쳐질 것이다. 사랑하는 이와 음악을 연주하고 책을 읽고 그림을 그리고 식물을 옮겨 담고 쿠키를 굽고 수족관을 보살피는 것 등 취미를 가져라. 삶은 작고 소박한 것에 있으며 그곳에서 우리는 자신의 영혼과 다시 연결될 수 있다.

27
현명하게 선택하라: 시간이냐 물건이냐

나는 "삶이 고달파지면 사람들은 쇼핑을 한다"는 말에 들어맞는 이를 안다. 그녀는 바빠지고 스트레스를 받을수록 보스턴의 몰과 부띠끄에 더 많은 시간과 돈을 쓴다. 그 결과 그녀와 남편은 그녀의 과소비를 유지하기 위해 일을 열심히 해야 한다. 60대인 그녀의 남편은 은퇴하고 싶지만 그녀의 계산서를 감당하려면 계속 일하는 수밖에 없다. 이로 인한 스트레스로 그들의 결혼 생활이 거의 파탄이 났다.

이와 비슷하게 대개의 미국인들도 자신의 연간 수입과 맞먹는 금액을 신용카드 빚으로 가지고 있다. 갖고 싶은 것을 가지면 잠시 기분이 좋지만 문제는 그러한 행복감은 일시적이라는 점이다. 당신은 "와, 새

컴퓨터 생각만 하면 너무 좋아"라고 말하기도 전에 새 VCR을 생각하기 시작한다. 외적인 대상을 평화로운 내적 상태로 착각하면서 욕망의 노예가 되기란 참으로 쉽다.

술에 취한 어떤 사람이 열쇠를 찾는다고 가로등 밑에서 엉금엉금 기어 다니고 있었다. 선한 사마리아인이 어디에서 열쇠를 잃어버렸는지 물어보았다. 술 취한 사람은 비틀거리면서 그 길에서 몇 백 피트나 떨어진 지점을 가리켰다.

"그런데 왜 여기서 찾고 있습니까?"라고 그 행인이 의아해했다.

"왜냐하면, 여기가 더 밝으니까요"라고 그가 대답했다.

내면의 상태를 외적인 소유로 착각하면서 물건을 구입하고 소비하는 것으로 평화를 구하는 것도 이와 비슷하다.

비관론자이지만 현실적이었던 우리 어머니는 쇼핑에 대해 올바른 생각을 가졌다. 그녀는 쇼핑을 좋아하여 제일 좋은 물건을 구하기 위해 바겐세일을 누비고 다녔지만 물질적인 것이 행복과 평화를 가져준다고 생각지 않았고 가족들과의 스크래블 게임을 더 소중히 여겼다. 그녀는 쇼핑에 대하여 정직하였고 좋은 물건에 둘러싸여 있으면 우울해지기 쉽다고 하였다. 그녀는 대부분의 사람들이 욕망과 걱정으로 미친 듯 자신을 내몬다는 생각을 받아들이면서 왜 지불할 여유가 있을 때 품위 있게 하지 않는지 의아해하였다. 그녀 세대의 대부분 사람들처럼 그녀도 현금으로 살 여유가 없으면 사지 않았다. 일반적으로 현금으로 구입하지 않는 집과 자동차를 예외로 둔다면 그것이 여전히 최고의 방법이다.

필요한 것이 있고 원하는 것이 있다. 또한 원하지만 갖고 나면 거의 사용하지 않을 것도 있다. 그것들은 차고 넘치는 크리스마스 장난감처럼 벽장 속에서 먼지만 쌓을 것이다.

이번 주에 마음속에서 사고 싶은 것이 맴돈다면 자문해보아라. "나는 왜 이것을 이토록 원하지?" 만약 대답이 그것이 정말 필요하기 때문이라면 그 필요성을 만족시켜라. 만약 그것을 원하고 살 형편이 되고 당신에게 계속 즐거움을 준다면 그것은 합당한 선택이다. 하지만 당신이 구입과 소비를 통해 지루함, 외로움, 분주함, 혹은 공허함을 달래려고 한다는 대답이 나오면 현실적으로 되라. 그런 행복감은 곧 사라지고 신용 카드 청구서가 날아온다. 그리고 그것은 시간과 마음의 평화에 많은 대가를 치르게 할 것이다.

28
조직화하라

시간과 돈을 낭비하는 간단한 이유는 조직화의 부족이다. 어떤 친구는 옷장을 비우고서야 검은 색 바지가 열 벌 있다는 사실을 알았다고 했다. 두세 벌이면 충분했지만 옷이 너무 많은 바람에 무엇이 있는지를 잊었던 것이다. 잡동사니는 에너지를 소모시킨다. 당신이 머무는 공간이 낡고 오래된 쓸모없는 물건으로 가득하다면 그것은 오염된 습지에 사는 것과 같다. 죽은 나무들이 신선한 에너지가 들어오는 것을 막아 정체된다.

어느 해 여름, 나는 발표할 때 입을 새 정장이 필요했다. 가정판사인 친구 루쓰Ruth가 나의 쇼핑 비서가 되어주었다. 그녀는 의자에 나를 앉히고 물을 한 잔 갖다 주고는 나에게 어울릴 것 같은 옷을 여러 개 고르면서 가게 안을 돌아다녔다. 치고 도망가는 식의 쇼핑객이었던 나에게는 이것이 새로운 경험이었다.

루쓰는 나에게 "너에게 어떤 것이 없지? 집에 있는 옷과 어울리는 것을 골라봐. 그런 식으로 여행 짐을 꾸리면 훨씬 쉬워. 무엇을 입을지 걱정하는 일 말고도 넌 바쁘잖아"라고 말했다.

그녀의 말이 맞지만, 내게 무슨 옷이 있는지 누가 알겠는가? 나의 옷장은 뒤죽박죽이었다. 나는 무엇을 사든지 같이 입을 만한 옷이 있을 것 같지 않다고 했다. 항상 무언가가 약간 부족했다. 루쓰는 턱을 만지더니 알겠다는 듯이 고개를 끄덕였다. 그녀는 내가 가진 옷이 문제라고 생각했다. 잠시 후 우리는 여러 방식으로 맞춰 입을 수 있는 몇 가지 기본적인 옷을 골랐다. 나의 계획은 집으로 달려가서 그것을 죽었거나 죽어가고 있는 다른 옷들과 함께 옷장에 집어넣는 것이었다. 옷장 문을 세게 밀면 들어가긴 할 것이다.

루쓰는 "집에 가서 네 옷을 정리해야겠어"라고 선언하였다. 그녀는 몹시 바쁜 사람이었으므로 이것은 정말 사려 깊은 제안이었다. 고마워서 눈물이 나왔다. 그러나 감사의 눈물은 곧 기진맥진의 눈물로 바뀌었다. 루쓰는 일을 제대로 하였다.

루쓰는 거리낌 없고 효율적인 조직자였다. 옷장 안을 모두 비우고 인디언들이 낡은 에너지를 없앨 때에 사용하는 약초인 세이지를 태워 청소하고 환기시켰다. 그런 후 그녀는 정말 무한한 조합으로 옷을 입어 보게 하였다. 그녀는 어떤 옷과 같이 입을지 어떤 액세서리를 달지 모른다면 옷장 안에 뭐가 있더라도 소용이 없고 시간과 돈만 낭비한다고 가르쳤다. 나는 생각 없이 골라 거의 입지도 않은 옷에 내가 얼마나 낭비를 했는지 깨닫고 놀랐다. 나는 죄책감에서 이런 옷들을 계속 지니고 싶었으나 루쓰는 나를 힐끗 보더니 그 옷들을 낚아채버렸다.

버릴 것이 작은 산만해졌다. 그것은 쇼핑을 해도 될 정도였다! 그런 후 그녀는 벨트와 스카프, 우산, 도트 백, 신발, 양말까지 살폈다. 속옷도 예외일 수 없었다. 그녀는 무시무시하고 게걸스러운 정리와 조직화의 여신으로 변했다. 그 방에 있는 모든 옷걸이, 틈, 서랍, 상자를 비워냈다. 그런 다음 그녀는 화장실 바닥부터 시작했다. 매니큐어 한 병도 그녀의 탐색을 벗어날 수 없었다. 마침내 마지막 치약 하나와 치실 상자까지 제자리를 잡았다.

루쓰 말이 맞았다. 이제 한 달에 너 댓 번 여행 가방을 꾸릴 때마다 나는 무엇을 가져가야 할지 정확히 알 수 있다. 옷 입기가 훨씬 더 간단해졌으며 훨씬 더 멋있게 보인다. 모든 것이 옷장이나 서랍에 있으므로 쇼핑을 하는 것보다 꺼내어서 맞춰보기가 더 쉽다. 좀 더 본질적인 면에서 정리는 삶의 정체된 에너지를 내보내어 새로운 것을 들일 공간을 만들어낸다.

루쓰는 그 전 해에 나의 창조력이 줄어들고 초점과 목표를 잃었음을 알고 있었다. 그녀는 나에게 깨끗하고 빈 옷장 안에 앉아 생의 목표가 무엇인지 생각해보라고 하였다. 빈 공간을 만들고 흘러들어올 새로움을 확인하는 것은 기도와 같았다. 그녀의 방법은 엉뚱하게 보였지만 즉각적으로 효과가 있었다. 그 정리 작업 며칠 후 공중파 TV 프로그램을 통해 내 생각을 보다 더 많은 청취자들에게 전할 기회가 생겼다. 낡은 것을 내보내면 분명 새로움을 위한 자리가 생겨난다.

옷장과 서랍 정리 의식은 훨씬 더 큰 정리의 도화선을 당겼다. 나는 그 다음 몇 달 동안 집안의 모든 방을 체계적으로 정리하고 그 과정에서 방 몇 개를 개조했다. 이제 집은 잘 조직화되었고 여유롭고 즐거운 곳이 되었다. 필요 없는 자질구레한 물건들은 다른 집으로 갔거나 매립지에서 썩고 있다. 재구조화는 흥미롭고도 활력을 주는 일이었다. 새로운 기회가 그 물결을 타고 올지 누가 알겠는가?

내가 아는 한 심리학 교수는 당신의 서랍 상태는 당신의 무의식 상태의 반영이라고 말하였다. 나는 그 말이 옳다고 믿는다. 집을 정리하고 조직화하는 동안 끝내지 않은 심리적인 일이 떠올랐다. 나는 몇 가지 인간관계를 보다 자세히 관찰하고 발전시켰다. 외부 공간은 내면의 공간의 반영이다. 보다 많은 내면의 평화를 원한다면 시간을 갖고 외부의 평화를 구축하라.

이번 주에는 당신의 옷장과 서랍을 살피고 정체된 에너지를 내보내라. 모든 옷을 잘 볼 수 있게 정리하고 한 번씩 입어보아라. 그것이 숨어있던 것들과 관계를 맺는 유일한 방법이다. 일 년에 한 번도 입어보지 않은 옷이 있다면(결혼식이나 장례 예복 등을 제외하고) 친구에게 주거나 기증을 해라. 정리하고 분류하는 동안 정체된 에너지를 밖으로 나른다고 생각하여라. 당신의 정리 작업이 새로운 생각과 가능성을 확인하는 일이 되게끔 하라. 그것은 보다 큰 무언가의 시작일지 모른다.

PART 4

마음을 다스리는 법

Inner Peace For Busy People

29
자신의 마음을 적이 아니라 동지로 만들어라

습관을 고치고 시간을 운용하는 법을 배웠다 하더라도 마음을 다스리지 못한다면 내면의 평화는 불가능하다. 사랑하는 사람들과 안락한 거실에 있어도 마음으로는 분노에 찬 고통스러운 영화를 찍을 수 있다. 당신은 아마 하루에도 몇 번씩 자신이 무얼 하는지 의식하지 못한 채 이런 영화를 찍을 것이다. 마음을 적이 아닌 동지로 만드는 열쇠는 불합리한 그 영화를 어떻게 만들고 감독하는지를 알아차리는 것이다. 그런 후에야 당신은 다른 영화를 상영할 수 있다. 마음의 평화를 위한 열쇠는 알아차림과 선택이다.

괴로운 마음의 영화가 어떻게 만들어지는지 예를 들어보겠다. 어느 날 나는 주말 워크숍 때문에 뉴욕 주의 북쪽 지방으로 가고 있었다. 막 눈이 내렸는지 나무들은 살랑대는 바람에 눈을 흩뿌리면서 고개를 숙이고 있었다. 눈송이에 햇볕이 반짝이고 세상은 너무나 아름다웠다. 마음이 열리며 나는 그 순간에 존재하고 있었다. 몸은 이완되어 편안하였다. 그 때에 조이듯이 괴로운 생각이 떠올랐다: 정말 완벽한 스키 시즌이야. 야외에서 많은 시간을 보내려고 일부러 콜로라도로 이사했지. 식구들은 모두 눈을 즐기고 있겠구나. 그런데 나는 주말인데도 실내 교육을 하러 가는 길이고. 불쌍하고 가련한 내 인생이여. 나는 왜 이리 바쁜건지.

나는 한 순간 삶을 완벽하게 즐기면서 평화로웠고 넓어졌고 현재에 존재했지만 그 다음 순간 박탈당한 기분이 들고 심술이 나고 스트레스를 받았다. 생각 이외에는 달라진 게 아무 것도 없었는데, 그것이 바로 우리가 사는 방식이다. 우리가 느끼는 괴로움과 분주함의 대부분은 현실 상황과는 거의 관계가 없는 것이고 그것은 생각의 직접적인 결과이다.

부처가 한 가지 비유를 하였다. 부처는 우리 각자에게는 소금 한 컵의 고통이 있다고 하였다. 소금을 작은 그릇에 녹인다면 그 물은 마시기가 힘들다. 하지만 그것을 호수에다 푼다면 물은 여전할 것이다. 마음과 당신이 자신의 생각을 다루는 방식은 작은 그릇 아니면 호수와 같은 것이다.

삶은 매우 생생한 고통으로 가득 차 있다. 자기 자신이나 자신이 사랑하는 사람이 위중한 병에 걸리고, 아이가 죽고, 사업에 실패하고,

이혼으로 가족이 흩어지고, 믿었던 사람에게서 배신을 당하기도 한다. 이것이 삶이다. 나이가 들면 이제 고통을 막아주는 기적과 같은 부적이나 처방이 없음을 깨닫게 된다. 좋지 않은 일은 선한 이들에게도 일어난다. 고통은 인간 존재의 한 부분이다. 당신은 그렇지 않기를 바랄지 모른다. 시중에는 생각하고, 먹고, 기도하고, 행동하는 방법에 관해 충고하면서 고통은 피할 수 있다고 희망을 주는 책이 많지만 고통은 당신의 노력에도 불구하고 다가올 것이다. 실제로 당신이 조절할 수 있는 것은 오로지 삶의 본래의 도전들에 대한 당신의 반응뿐이다.

고통에는 강요된 것과 선택적인 것이 있다. 내가 눈 덮인 시골길을 갈 때 느꼈던 고통은 외적인 이유가 없었다. 그것은 내 마음 속에 있었다. 요가는 본래 스트레칭과 무관하며 마음을 다스리고 불필요한 고통을 만드는 괴로운 생각을 없애는 법을 배우는 것이다. 고대의 현인들은 그것이야말로 모든 수련 가운데 가장 어렵다고 하였다. 물 위를 걷는 법을 배우는 것이 오히려 더 쉬울 거라고 하였다.

생각을 조절하는 것이 쉽지 않겠지만 평화롭기를 바란다면 그것은 그만한 가치가 있는 수련이다. 포고Pogo는 "우리가 적을 만났는데, 적은 바로 우리 자신이었다"라고 말하였다. 그런 내부의 적을 극복하는 데는 많은 노력이 필요하지만 일상생활에서 시도해볼 수 있다. 생각을 잘 사용하는 것이나 생각 때문에 제정신을 잃어버리는 것이나 시간은 똑같이 든다. 알아차림과 선택이라는 기본 기술은 모든 시간 모든 상황 모든 사람에게 적용할 수 있다.

예를 들어, 스키를 타러 가고 싶어서 화가 난 마음을 중지시키기 위해서는 자신이 무엇을 하고 있는지 눈치를 챘어야 했다. 그것이 알아차림이다. "아뿔싸, 길을 잃어버렸네. 스스로를 비참하게 만들었어." 스키에 대한 생각이 끝없는 공상, 혹은 내가 얼마나 바쁜지에 대한 다른 생각을 불러일으켰었다. 그다음 정신적 수련은 나의 생각을 변화시키는 것이다.

인지 심리학자들은 마음속으로 "그만"이라고 소리치면 생산적인 생각을 시작할 수 있다고 한다. 스키에 관해서도 다음과 같은 더 바람직한 생각으로 마음을 자극할 수 있었을 것이다. 다음 주말에는 가족들이랑 스키를 타러 가야겠어. 예전에 나들 스키를 얼마나 좋아했었는지 생각나네. 오늘 하는 일을 멋지게 잘해내야지. 나는 이런 식의 사고 수정을 반대 관점을 위한 정거장 휴식이라 여기고 싶다. 이것은 매우 간단해 보이지만 쉽지 않다. 이것이 쉽다면 우리는 모두 요가 지도자가 될 것이다.

이번 주에는 자신의 생각을 관찰하여 알아채는 연습을 하라. 당신은 당신의 생각이 아님을 인식하면서 생각을 지켜보아라. 그것들은 정신적인 영화일 뿐이며 따라서 다른 필름을 돌리는 것은 당신의 선택이다. 비생산적인 집착으로 긴장되고 작아지는 것을 느낄 때는 "그만"이라는 정신적 구호를 외쳐보라. 그런 후에 내면의 평화를 경험하는 데에 동지가 될 수 있는 생각을 불러오라.

30
부정적인 면을 과장하라

"긍정적인 것은 강조하고 부정적인 것은 지워버려라"라는 노래가 있다. 말하기는 쉽다! 생각을 알아차리고 새로운 생각을 선택하는 수련도 유용하지만, 때로 부정적인 것을 강조하여 그 상황을 재미나게 풍자하면 마음이 훨씬 더 빨리 변하기도 한다.

심상을 이해하는 우디 앨런Woody Allen의 영화들은 웃긴다. 등장인물들의 독백을 듣고 그들의 꾸며낸 이야기를 보면 인간적이어서 더 재미있다. 그것은 우리 모두의 모습이다. 단순한 두통 환자인 등장인물이 시한부 뇌종양으로 병원에 입원하는 공상을 한다. 심리학자 알버트 엘리스Albert Ellis는 이것을 두려운 생각하기awfulizing라고 부른다. 이것은 참으로 적절한 표현으로 강박적인 걱정을 잘 표현한다. 상상 가능한 가장 비참한 결론에 이를 때까지 계속 생각하는 때가 바로 두려운 생각하기를 하고 있는 때다.

이 책에 관한 계약을 할 당시 내게는 두 달 정도의 여유 밖에 없었다. 어떻게 해야 하나? 여전히 바쁜데 처리해야 할 일은 매일 쌓이고 게다가 추수 감사절, 크리스마스, 새해가 얼마 남지 않아 여섯 아이들이 대부분 집에 올 텐데. 나는 두려운 생각하기를 계속 해나갔다. 원고 쓸 시간이 있을까? 아이들과 더 많은 시간을 보내지 못한 걸 후회할 것이고 아이들은 자기들에게 관심이 없었다고 여길지 몰라. 나는 자신이 모든 사람을 사랑하지만 누구도 특별히 사랑하지는 않는 위선자라는 생각에 빠져들기 시작하였다. 내 자신이 이렇게 엉망인데 분주한 이들을 위한 내면의 평화를 위한 책을 어떻게 쓰지?

그런 상태로 글을 쓰려고 컴퓨터 앞에 앉았다. 하루 종일 침 넘어가는 소리밖에 나지 않았다. 그것이 나를 더 두렵게 하였다. 내가 책을 쓸 수 없다는 것에 관한 나의 공상은 분명 사실이었다. 그래서 나는 그 부정적인 생각을 과장해보기로 마음먹었다. "나는 절대로 이 책을 못 쓸 거야. 계약금을 돌려줘야 될 테고, 그러면 은행은 이 집을 압류할 것이고 우리는 거리로 나 앉겠지. 그리고 이 모든 게 아이들이 오기 때문이야!" 나는 꽤 괜찮은 코미디 한 편을 완성할 수 있었고 웃는 와중에 마음이 편안해졌다. 그러자 친구 재닛이 내게 한 말을 인정할 수 있었다. 그녀는 나는 마감시간이 필요한, 압박감이 있어야 글을 잘

쓰는 타입이라고 했었다.

그녀는 내게 "일 년이 남았더라도 넌 아마 마감 한 달 전부터 쓰기 시작할 걸"이라고 꼬집었다. 나는 아무 것도 아닌 일에 두려운 생각을 뻗치고 있었던 것이다. 나는 그런 식으로 일하는 방식을 좋아했었다. 아이들이 오면 오전에는 글을 쓰고 나머지 시간에는 놀 수 있을 것이다. 나는 이완되었고 그 즉시 글을 쓰기 시작하였다.

부정적인 생각을 과장하는 것의 핵심은 유머를 잃지 않으면 강박적인 걱정에 뒤따르는 스트레스와 공포의 신체적 효과에 맞설 수 있다는 것이다. 신체는 상상과 실제를 구별할 수 없다. 두려운 생각하기는 무서운 영화를 보는 것과 같다. 심장이 뛰고 호흡이 얕아지고 거칠어지며 근육은 경직되고 고각성 상태가 된다. 당신은 생존하기 위해 싸울 준비가 되어 있다. 그런 상태에서 한 보따리의 웃음 없이 자신을 지키기는 힘들다.

두려운 생각의 덫에 걸리기 위해 마감시간 등 특별한 상황이 필요한 것은 아니다. 아마 매일 그런 일이 계속된다. 아침에 커피를 마시면서 이런 생각을 할지 모른다. 정말 바쁘구나. 전화를 걸 데가 아직 남아 있네. 분명 10개의 새로운 음성 메일과 20개의 새 이메일이 도착해 있을 거야. 마감시간이 임박한 보고서가 두 건 있고. 날씨는 왜 이리 화창한지. 밖에 나가 산책이나 하고 싶지만 할 일이 너무 많아. 일은 왜 이리 엉망으로 돌아가는지. 그만 보따리나 싸서 숲 속 통나무집으로 가는 게 낫겠어. 생각만으로 스트레스, 신체적 긴장, 신경전달 물질

이상이 생겨났지만 당신은 속 좁은 화학적 나무판자에 두들겨 맞은 몸으로 여전히 할 일을 처리해야한다.

이번 주 동안 강박적인 걱정이 떠오르면 이름을 달아 보아라. "나는 지금 두려운 생각하기를 하고 있어!" 우디 앨런같이 웃길 수 있을 때까지 과장하여 상상해보아라. "나는 너무 바빠. 역사상 나만큼 바쁜 사람은 세상에 없었어. 대통령보다 전화를 더 많이 받아. 3개국을 뛰어다니느라 아직 아침도 못 먹었어." 이런 방법은 스트레스 반응을 중지시키고 평화로 돌아가는 데에 도움이 될 것이다.

31
낙관론자가 되기 위해서는 P와 C에 관심을 가져라

보다 더 비관적인 사람들이 있다. 낙관론자는 대개 행복한 결말을 상상하고 비관론자는 최악의 경우를 생각하는 경향이 있다. 나의 어머니는 후자에 속했다. 어머니는 사사건건 불평을 하셨고 세상을 위협적으로 보았다. 마치 나쁜 일이 계속 일어나기를 기다리는 것 같았다. 나보다 10살 많은 오빠 알랜Alan의 목에다 세균을 막는다고 장뇌 주머니를 두른 채 등교시켰던 적도 있다고 한다. 세균 뿐 아니라 아마 친구들도 가까이 오지 않았을 것이다. 우리 가족은 대공황이 한 번 더 오면 모든 게 끝장인 '기아의 땅' 동쪽 '소독의 땅'에 사는 셈이었다.

우리 가족의 역사를 보면 내가 늘 비관주의와 싸워야 했다는 사실이 그리 놀랄 일이 아니다. 그것은 알코올 중독에서 벗어난 사람이라도 마음 안에 술에 대한 욕망이 잠재되어있듯 절대로 사라지지 않는다. 나는 매일 매사에 비관론자의 태도를 취하지 않을 수 없다. 이 말은 《학습된 무기력Learned Optimism》의 저자인 심리학자 마틴 젤리그만Martin Seligman이 말한 세 가지 P를 알고 있어야만 한다는 의미이다. 이것은 세 마리 작은 돼지pig가 아니라 나쁜 일이 일어나는 이유에 대한 비관론자들의 설명방식을 말한다.

예를 하나 들어보겠다. 아이들이 아직 어렸을 때 우리는 새로 산 모터보트를 타러 갔다. 우리는 메사추세츠의 감조 하천 근처에 살았어도 보트를 전혀 탈 줄 몰랐기에 빠른 물살에 움직이는 보트가 신기하였다. 대서양에서 하루를 즐긴 우리는 부두를 향하여 강을 올라가다가 좌초되고 말았다. 그때서야 우리는 보트가 항해할 수 있는 수로의 막다른 지점에 닿았고 모래톱과 바다뱀에서 벗어나도록 해야 함을 알았다.

점점 춥고 어두워졌다. 만약 당신이 그 나들이의 책임자라면 어떤 생각을 하겠는가? 나는 두려운 생각을 계속 확장했을 뿐 아니라 스스로를 비난하였다. 조수가 다시 높아져 자유롭게 떠다니게 될 때까지 12시간 이상을 어둠 속에 있어야 될 것이었다. 우리는 추워서 얼어 죽을지도 모른다. 조심성 없는 어머니를 둔 탓에 아이들이 저체온증으로 죽는 것을 상상하였다. 배에 대해 아는 것도 없으면서 어떻게 항해를 할 생각을 했단 말인가. 시원찮은 어머니만이 그런 짓을 할 것이다.

그러고 보니 마지막 학부모 모임도 빼먹었었네! 직장에 다니는 어머니는 죽어도 싸. 아이들이 살게 된다 해도 아마 트라우마가 남을 거야. 다 내 잘못이야. 나는 정말 별 볼일 없는 인간이야.

그런 와중에 아들 저스틴은 소리를 지르며 기뻐했다. 나는 놀라서 예인선을 가진 구조선을 발견했는가 싶어 쳐다보았다. 내가 본 것은 가족을 구할 모험심에 몹시 흥분된 젊음의 절정인 14살짜리 소년이었다. 그는 배와 조수, 밧줄, 항해 지식과 조화로운 관계를 가진 자기 자신을 중심에 두고 거침이 없었다. 저스틴은 우리더러 배에서 나가라고 하고는 닻을 던진 후 우리를 허벅지 정도의 깊은 물로 끌고 들어갔다.

좌초된 이유에 대한 나의 생각은 3P의 전형적인 예이다. 먼저, 나는 그 사건을 개인적으로personally 받아들여 자신을 비난하였다. 둘째로, 나의 서툰 육아는 이 상황에만 국한된 것이 아니었다. 나는 그것을 전반적인pervasive 것으로 보았다. 나는 여러 방식으로 엉망으로 만들었다. 셋째로, 나의 무능력은 영원히 지속되는permanent 것이었다.

저스틴은 그 상황을 나와 완전히 다른 방식으로 설명하였다. 그는 숙달이라는 관점으로 보았다. 나는 그 상황을 위협으로 본 반면에 그는 도전challenge으로 보았다. 나는 무기력했으나 그는 힘을 느끼고 통제할control 수 있다고 느꼈다. 나는 배에 대해 모른다는 것으로 자신을 비난하였지만 그는 훨씬 더 큰 틀 안에서 몰입commitment하였다. 보트를 잘 알았다면 물론 더 잘 했을 테지만, 저스틴은 실수란 지혜의 어머니라고 여겼다. 그의 기준 원칙은 삶은 무언가를 배우기 위한 곳이라는 것이다.

저스틴의 태도는 3C, 즉 도전challenge, 통제control, 몰입commitment으로 요약할 수 있다. 심리학자 수잔 올레트Suzanne Ouellette에 의하면 그것이 바로 강건한 낙관론자적 태도이다.

계속 비관론을 펼치는 나는 P로 향하는 마음을 붙잡아 C를 시도해야만 한다. 방법 중의 하나는 내면의 멘토에게 부탁하는 것이다. 나에게는 몇몇 강건한 영혼을 지닌 이들이 있다. 저스틴, 오빠 알랜, 친구 재닛이 좋은 모델이다. 어려운 상황에 직면해 비관론 쪽으로 빠져들려고 할 때 나는 생각한다. 저스틴이나 알랜, 혹은 재닛이라면 어떻게 생각할까? 이 방법은 정말 효과적이다. 생각은 단지 생각일 뿐 실제가 아님을 깨닫게 된다. 마음을 바꾸면 어려운 상황이 흥미롭고 힘이 솟아나게 하는 도전이 될 수 있다.

일이 바라는 대로 진행되지 않을 때 어떤 태도를 취하는가? 당신은 낙관론자인가 비관론자인가? 이번 주에는 나쁜 일이 일어나는 이유를 자신에게 어떻게 설명하는지 관찰해보아라. 3P를 가동시키는가, 아니면 3C를 가동시키는가? 비관론 쪽에 가깝다면 이 분주한 세상에서 평화와 통제를 유지하도록 도와주는 내면의 멘토를 가져라. 당신의 진전 상황을 들어 줄 친구를 만들어라. 지지해줄 누군가가 있다면 변화는 훨씬 더 쉽게 이루어진다.

32
문제를 재구조화하라

상황은 변하지 않더라도 사고의 틀은 바꿀 수 있다. 분주함은 끔찍한 일인가, 아니면 사업이 번창한다는 증거인가? 고집불통 두 살짜리 아들은 괴물인가, 아니면 그냥 그 나이라서 그런가? 사건을 다르게 좀 더 유연한 관점으로 볼 수 있는 것은 멋진 정신적 기술이다.

언젠가 남 캘리포니아에 있는 아름다운 교회에 간 적이 있다. 카리스마가 넘치는 목사님을 만나려고 주일마다 수천 명이 모여들곤 하였다. 참석자가 많은 탓에 안내원들이 남아있는 자리로 사람들을 앉히려고 애를 쓰고 있었다. 예배 시작 시간이 몇 분이 지났지만 자리를 찾는 상황이 계속되자 사람들이 짜증을 내기 시작하였다. 결국 한 안

내원이 마이크를 들고 "이렇게 아침 일찍 이렇게 많은 분들이 오시다니 정말 놀랍지 않습니까? 몇 분 지연되는 게 화가 나신다면 마음을 한 번 바꿔 보시길 바랍니다"라고 말했다. 사람들이 웃었고 느긋해졌다. 그들은 그렇게 많은 사람들이 온 것이 정말 놀라운 사실임을 받아들였다.

하루하루는 상황에 대한 사고의 틀을 선택하는 일의 연속이다. 교통체증에 걸렸을 때 화를 내 경적을 울리면서 욕을 해야 하는가, 아니면 이완하여 음악을 듣는 시간으로 보아야 하는가? 현관의 먼지는 불평할 일인가, 아니면 진흙이 묻은 발을 가진 사랑스러운 개를 키우는 일의 한 부분일 뿐인가?

사소한 사고의 틀도 있지만 일평생 따라다니는 커다란 틀도 있다. 직장에 다니는 어머니가 요리를 거의 하지 않아 죽을 때까지 섭섭하게 여긴 사람도 있지만 똑같은 상황에서 자신이 요리하는 것을 좋아하기 때문이라고 여긴 사람도 있다.

대부분 사람들은 재구조화를 통해 변화시킬 수 있는 몇 가지 만성적 문제를 지니고 있다. 몸무게를 예로 들어보자. 어른이 된 후로 늘 다이어트를 하지만 계속 살이 찌는 사람이 있을 것이다. 그래서 다이어트가 항상 유행하는지 모른다. 우리 모두는 살을 빼고 유지하는 유일한 방법은 칼로리를 더 적게 섭취하고 운동을 더 많이 하는 것임을 잘 알고 있다. 하지만 정상적인 식사는 왠지 부족하다는 느낌을 주기 때문에 과식하기가 쉽다. 그러므로 자신이 먹는 음식을 완전히 다른 식으로 생각할 수 없다면 그러한 순환은 계속될 것이다.

문제를 재구조화하면 사고와 행동 모두를 획기적으로 변화시킬 수 있다. "저 감자 칩을 먹지 않겠어. 아마 바로 내 허벅지로 갈 거야."라는 생각은 음식을 골칫덩어리로 구조화하는 것이다. 삶의 작은 즐거움들이 고통이 돼버린다. 그러므로 살찌지 않기 위하여 해서는 안 되는 것을 생각하는 것 대신 날씬함을 유지하기 위하여 먹을 수 있는 좋은 것으로 사고의 틀을 옮겨야만 한다.

나는 세 번 식사 때마다 과일과 채소를 먹는 것을 원칙으로 삼고 있다. 나는 이것을 여섯 프레지Six Freggies라고 생각한다. 이것을 지키는 한 나는 먹고 싶은 것을 아무 거라도 먹을 수 있다. 그렇게 하기 위하여 나는 의식적인 선택을 해야 한다. 시리얼과 여러 가지 신선한 베리는 2 프레지에 해당되고 베이컨과 달걀은 0 프레지이다. 오전 중반에 바나나나 사과를 먹으면 3 프레지가 되고 점심으로 샐러드, 스프, 혹은 야채를 풍성하게 곁들인 프라이를 먹으면 5 프레지가 된다. 오후에 한 웅큼의 어린 당근을 먹으면 6 프레지가 된다. 그런 다음 나는 당당하게 저녁식사로 피자를 먹는다. 당신이 이런 식으로 식사를 재구조화 한다면 더 건강한 선택을 하면서 살이 빠질 것이다.

이번 주에는 만성 스트레스를 일으키는 문제를 골라 재구조화해보아라. 만약 당신의 성인 자녀들에게서 몇 주 동안 안부전화를 받지 못했다면 축복이다. 그들이 감옥에 있다면 분명 전화가 올 것이다. 또한 낡은 자동차를 모는 것의 장점을 생각해보라. 새 차에 비하여 보험료가 절약되고 접촉 사고에 대한 걱정도 없을 것이다. 좋은 점이 더 늘 뿐이다.

33
자신에게 물어보라, “요즘도 재미난 일이 있는가?”

나의 절친한 친구인 로레타 라로체Loretta LaRoche는 멋진 유머가이며 시사해설자이다. 그녀는 공중파 TV 특집과 책, 강연 등으로 수백만 사람들의 기운을 북돋우며 자기 자신을 즐겁게 바라보도록 도와주었다. 로레타는 “인생은 한 바탕 농담이며 당신도 그렇다”라고 한다.

현대인의 존재의 불합리한 것에 관한 로레타의 책, 《인생은 스트레스 연습장이 아니다Life Is Not a Stress Rehearsal》에는 묘비 시리즈가 있다. 그녀는 여느 때와 다름없이 분주한 어느 날 자신의 묘비명에 대해 한 번 생각해보라고 한다. “모든 것을 다 끝냈고, 결국 죽었다”라고?

어린 시절에는 재미나게 놀고 순간에 존재하는 것이 쉬웠다. 자주 미소를 짓고 많이 웃었다. 어리석은 일도 저질렀다. 창조적이었으며 틀에 갇히는 것을 싫어해서 틀 밖에서 생각했다. 하지만 어른이 되자 우리는 책임감을 지니게 되었다. 우리는 점점 빛나가기 시작하고 "이 모든 일을 마치면 재미있게 놀 수 있겠지"라고 생각한다. 하지만 일을 끝냈을 때는 자러 갈 시간이거나, 너무 피곤하거나, 혹은 죽을 때이다.

이상하게도 우리 사회는 우울하고 유머가 없도록 부추킨다. 더 바쁘고 더 불행할수록 더 중요한 사람이 된다. 어느 날 만성 요로 감염 환자가 우리 클리닉에 왔다. 그녀는 전도양양한 바이오텍 회사의 매니저로 소변이 마렵지 않기 위하여 근무 중에는 음료수를 의도적으로 삼간다고 자랑스럽게 이야기하였다. 그렇게 하면 소변을 보는 시간이 절약될 것이다. 이것은 임원들에게 그녀가 책임감이 있고, 진지하며, 사업 마인드가 있다는 생각을 심어줄 것이다. 그들도 마찬가지일 테니까.

우연히도, 물기가 빠진 그 매니저가 나를 만나러 오기 하루 전 어떤 유머러스한 사람이 매우 공식적으로 보이는 지시문 "우리 과의 화장실 규칙"을 우편함에 붙여놓았다. 그 지시문에는 화장실 사용은 상사의 허락을 받고, 하루에 두 번으로 제한되어야하고, 정해진 수의 화장지 조각을 사용해야한다는 것 등의 세세한 지시 사항이 있었다. 그 지시문은 웃겼지만 스트레스를 받는 몇몇 동료들은 실제로 그것을 진지하게 받아들였다. 다행히도 그 환자는 지시문 안의 유머를 읽었다. 우리는 함께 크게 웃었고 그녀는 만성 요로 감염의 날들과 이별했다.

분주한 사람들 대부분은 자신과 타인을 통제하기 위하여 방광 뿐 아니라 자신의 자발성과 즐거움도 억제한다. 그들은 재미있게 노는 방법을 기억해낼 수가 없다. 나는 5일 간의 여성 워크숍을 준비하기 위하여 두 명의 행위 예술가와 한 팀을 이룬 적이 있다. 우리는 여자들이 바쁜 일상을 미뤄놓고 웃고, 노래하고, 춤추고, 창조적으로 될 수 있는 미니 여름 캠프를 열 계획을 세웠다. 우리는 "인생은 정말 심각해"라는 틀을 깨고 나와 다시 힘을 내어 집으로 돌아가기를 바랐다. 워크숍 동안 판사, 변호사, 병원 경영자, 의사들이 가장 열심이었다. 당신은 책임감이 많은 어른이면서 동시에 인생을 즐길 수가 있다. 생산성에 관심을 둔다고 내면의 아이를 없앨 필요는 없다.

로레타 라로체는 "당신은 결국 죽을 것이다"라는 사실을 끊임없이 일깨워준다. 이것은 절대적으로 분명한 인생의 몇 가지 사실 중 하나이다. 그리고 흔히, 원하는 것보다 더 빨리 마지막이 오기도 한다. 삶은 목적지라기보다는 여행인데도 불구하고 여행을 즐기는 방법은 아주 쉽게 잊어버린다. 진짜 중요하게 생각해야 하는 것은 당신은 지금 바로 여기에서 이 책을 읽으면서 살아있다는 사실이다. 왜 이곳에 존재하지 않는가.

1980년대 말만 해도 에이즈라는 진단은 사형 선고나 다름없었는데 나는 에이즈 환자들에게 모든 사람이 자신의 삶이 언제 끝날지 알지 못한다고 했다. 건강한 나도 집으로 가는 길에 사고를 당하여 그들보다 먼저 죽을 수 있다. 실제로 그날 밤 늦게 큰 자동차 충돌사고가 있었다. 고장 난 안전벨트 때문에 내 코가 운전대에 짓눌려 거의 망가졌다. 비록 두 번의 얼굴 수술을 했지만 그러한 경험이 고맙다. 나는 코를 붕대에 싸맨 채 입원해 있으면서 그동안 내 삶이 얼마나 무거워졌는지 깨달았다. 즐거움을 기억해야 할 시간이었다. 그래서 나는 일을 그만두고 새로운 삶을 시작하였다.

이번 주에는 로레타가 말한 묘비명에 대하여 생각해보아라. 당신이 내일 죽는다면 무어라 적힐 것인가? "채식을 했고, 조깅을 했다, 결국 죽었다", 혹은 "계획했던 모든 것을 끝내고 피곤에 지쳐 죽었다." 잠시 생각해보고 마음에 드는 것을 적어보아라. 그런 후 그렇게 살기 위해 최선을 다하여라.

나의 묘비명은 "그녀는 많이 사랑했고 친절했고 농담을 잘했고 기댈 수 있는 친구였고 놀 줄 알았고 모든 전화에 응답하지는 않았지만 그런 대로 맡은 일을 꽤 잘한 사람이었다"라면 좋겠다.

34
실컷 불평하라

남자들은 여자들이 지나치게 투덜댄다고 불만스러워한다. 물론 남자들 가운데도 그런 사람이 있다. 여자든 남자든 불평을 하는 것은 자신뿐만 아니라 타인의 마음의 평화까지 깨뜨린다.

나는 생명을 위협하는 위중한 질병에 대한 대처 전문가의 자격으로 오프라 쇼에 출연한 적이 있는데 루게릭 병이라는 신경조직 질병을 앓는 남자가 나를 소개하였다. 그는 거의 모든 신체 기능을 잃어버려 휠체어를 벗어날 수 없었다. 스스로의 힘으로 호흡할 수 없기에 호흡기가 대신 숨을 쉬었고 먹을 수가 없었으므로 음식은 튜브로 공급받았다. 말을 할 수 없었고 단지 입술만 조금 움직일 뿐이었다. 하지만 아무 문제가 없었다. 그의 아내와 간호사가 그의 입술을 읽었다. 그는 그들의 도움을 받아 사람들의 마음에 의욕을 불러일으키는 멋진 강연가가 되었다.

그 남자는 나에게 정말 많은 영감을 일으켜 주었다. 그의 암울한 처지와 비교하면 바쁘다는 것, 허벅지가 굵다는 것, 무례한 운전사 등에 대한 나의 불평은 자기애적인 사소한 것으로 여겨졌다. 그에게는 낙담하고 분노할 이유가 모두 있었지만, 나는 그가 분명 현재 순간을 즐긴다고 확신했다. 그가 사랑하는 이들의 말에 의하면 그는 진정 평화의 스승이었다. 자신의 영혼을 어떻게 고양시키느냐고 오프라가 묻자 그는 우리 모두도 같은 선택을 할 수 있다고 대답하였다. 우리는 연민에 빠질 수도 있고 평화로운 마음을 지닐 수도 있다. 그는 평화를 선택하였다.

똑같은 선택에 직면해서 평화보다 불평을 선택한 이들은 그 과정에서 동지를 만난다. 당신이 아주 기운차게 자신의 사업에 몰두하고 있다고 하자. 그때 동정심을 노래하는 이들이 개인적으로 혹은 전화로 줄줄이 다가온다. 그들은 당신이 동정심 파티에 오기를 원한다. 다음과 같이 시작할 것이다: “당신은 너무 피곤해 보입니다. 일을 너무 많이 하는 것 같군요. 괜찮습니까?”

아마 당신은 한숨을 쉬고 당신을 녹초가 되게 한 일, 당신의 도움이 필요한 사람, 당신의 진정한 가치를 고마워하지 않는 배은망덕한 사람, 했더라면 좋았을 모든 일들을 나열할 것이다. 그러면 상대방은 당신을 이기려고 애쓴다.

"당신이 바쁘다고요? 나는 오찬 모임 때문에 마다가스카르에 갔다가 아들의 보이스카우트 유년단의 솔밭 경주 시간에 맞추어 돌아와야 했어요. 유년단의 어머니라서 브라우니를 만들어야 되었거든요. 나밖에 돌볼 사람이 없는 강아지 발자국으로 부엌 바닥이 엉망이라 부모들이 아이들을 데리고 오기 전에 닦았고요. 그 후에 남편이 물컵을 들고 침대로 가다 미끄러졌고 아프다고 소리를 지르는 남편을 응급실로 데려갔지요. 총기 부상 환자가 네 명이나 기다리고 있어서 남편의 다리를 봉합하고 복합 골절을 고정하는 데 몇 시간이나 걸렸어요. 새벽 3시가 되어 겨우 잠들었다가 아침 일찍 조찬 모임에 가야 했답니다."

두 사람만 있으면 금방이라도 블루스 가수가 좋아할 만한 우울한 이야기를 만들 수 있을 것이다. 린다 론스태드Linda Ronstadt의 웃기면서 쓸쓸한 노래, "가련한 나"를 기억하는가? 의기소침해질 때 풍자적인 그 노래를 들으면 정신이 번쩍 든다. 왜 정신이 멀쩡한 이들이 경쟁적으로 동정심 파티를 만드는지 모르겠다. 단기적으로 보면 다른 불행한 사람들의 지지를 받으면 기분이 조금 나아질 수 있다. 그리고 불행은 무리를 좋아한다.

심리학자들은 상호적인 불평을 후퇴적 대처regressive coping라고 한다. 불평하는 당신은 자아를 실현하는 성인이라기보다는 무기력한 아이처럼 행동하면서 시간을 거꾸로 가고 있다. 당신과 함께 불평하는 사람은 당신의 자기 지각과 성장을 북돋워주는 게 아니라 후퇴를 지지하는 것이다. 건강한 사회적 지지는 삶에서 더 큰 의미와 기회를 발견하도록 하는 훌륭한 대처법이다. 그것은 자각과 유머를 자극하며 일을 잘 마무리한 이들을 축하하면서 새로운 대처법을 발전시킨다.

로레타 라로체Lotetta LaRoche는 불만이 쌓이면 친구에게 바로 하소연하라고 한다. 두 사람이 방해 없이 2분간 실컷 불평을 해보는 것이다. 심각하게 여기지 말고 동정심 파티라 생각하고 가슴 속 응어리를 모두 뱉어내기를 바란다. 시간이 남는다면 돌아가며 감사한 것도 이야기해볼 수 있다. 그렇게 하면 기분이 훨씬 더 좋아질 것이다.

이번 주에는 후퇴적 대처를 조심하여라. 불평에의 초대는 잘 풀리고 있는 일을 언급함으로써 쉽게 거절할 수 있다. 분주함은 축복일 수도 있다. 불평하고 싶을 때마다 긍정적인 것에 초점을 두어라. 화를 해소할 필요가 있으면 거울 앞에 서서 손을 허리에 올리고 2분간 실컷 불평해보아라. 꽤 재미있을 것이다.

35
감사하라

감사함은 내면의 평화를 위한 모든 방법의 정점이다. 당신이 마음을 조절하고 자신을 보살피고 자비와 친절함으로 타인과 관계를 맺고 현재의 삶에 집중한다면 감사함은 저절로 생겨날 것이다. 그것은 언제나 연습할 수 있다. 나는 커다란 독일산 셰퍼드와의 만남으로 그리 될 수 있었다.

어느 맑은 겨울날 살고 있던 콜로라도의 작은 동네를 산책하려는 참이었다. 하늘은 로키 산맥의 높은 고도에서만 볼 수 있는 푸른빛이었다. 이른 삼월의 태양은 막 내려앉은 눈송이 위로 빛의 물결을 만들어내면서 가문비나무 가지 사이로 금물을 쏟았다. 산정상은 아름다운 계곡을 아래에 둔 채 안개 같은 구름을 뚫고 자주, 녹색, 회색 층으로 장엄하게 솟아있었다.

나는 씩씩한 걸음으로 길을 내려가면서 아름다운 경치에 빠져있었다. 유방 조직 검사 때문에 산 아래 병원으로 차를 몰고 가기 전 잠시 쉬려다가 나는 혹시 모를 나쁜 결과를 생각했다. 마음이 두려운 생각하기 양식으로 빠져들면서 여세를 몰아갔다. 나의 몸은 치명적으로 위험한 상태일 수 있으며 삶의 다른 부분도 제대로 돌아가지 않을지 모른다. 유리잔의 반이 비워있는 듯했고 남은 물마저 오염된 듯 보였다. 나는 과로로 소진되었다고 느꼈다. 특히 다른 사람들의 역할 모델이 되어야 하는 내가 이런 정신 나간 삶을 꾸려왔던 말인가. 마음을 편히 하려고 나선 산책 내내 죄의식, 두려움, 분노, 실망감이 내면의 불협화음 소리에 끼어들었다.

그 때 갑자기 엉덩이 부분에 타는 듯한 통증이 오는 바람에 이 불쾌한 상상에서 깨어났다. 끔찍한 생각에 정신을 판 나머지 커다란 독일산 셰퍼드가 다가와 엉덩이를 무는 것을 몰랐던 것이다. 나의 상상은 응급실에서 꿰매지고 있는 엉덩이를 주인공으로 하여 다시 시작되었고 나는 엄청난 양의 파상풍 변성독소와 광견병 백신 주사를 맞고 있었다. 생체조직 검사를 하지 않아 또다시 의학적 고문을 겪어야 할지도 몰랐다.

나는 바지가 피로 끈적거릴 거라 예상하고 손을 아래도 뻗쳐보았다. 손은 완벽하게 깨끗했다. 나는 갑작스런 희망에 힘을 얻어 나무

뒤로 가서 바지를 내려 보았다. 선명한 개 이빨 자국이 커다란 붉은 장식물이 되어 엉덩이를 우아하게 했지만 피부는 말짱했다. 나는 바지를 올리면서 기쁨과 감사로 소리를 지르며 숲 밖으로 나왔다. 파상풍 주사는 없었다. 광견병으로 인해 서서히 죽어가는 일도 없다. 나는 시간 내에 조직 검사를 하러 갈 수 있을 것이다. 정말 다행이었다.

불현듯 모든 장면이 우습다고 여겨졌다. 그 개는 냄새나는 똥개에서 숭고한 전령으로 변했다. "깨어나라, 이 어리석은 인간아! 얼굴에 내리쬐는 햇볕과 머리칼을 날리는 바람을 느껴보아라. 넌 살아있고 세상은 아름다워. 산들은 장엄하고 아직 해는 많이 남아 있다. 경험할 무한한 가능성과 창조할 무한한 세계가 있어." 생명이란 선물에 대한 감사함이 넘쳐났다. 모든 숨결은 소중했고 모든 나무는 경이로웠다. 평화가 솜이불처럼 내 주위에 내려앉았다.

감사함이란 정신적 기제를 집착에서 평화로, 경직에서 창조로, 두려움에서 사랑으로 바꿀 수 있는 기어변속기와 같다. 감사한 마음을 가지면 이완하고 순간에 오롯이 존재하는 능력이 저절로 찾아든다. 유대교의 유산 중 가장 좋은 점 하나는 하루 중 일어난 일에 대한 감사의 축복과 기도이다. 이렇게 경이로운 세상을 창조한 신에 대한 감사가 있다. 별이나 무지개를 바라보는 것에 관한 축복이 있다. 양식, 포도주, 물이란 선물에 대한 축복이 있다. 심지어 탈 없는 장기에 대한 화장실 축복도 있다. 나는 자주 즉흥적으로 축복을 보탠다. 가장 부적절한 시간에 나에게 평화를 가르쳐준 독일산 셰퍼드에게 감사한다. 또한 긍정적인 것으로 판명난 생체조직 검사도 고맙다.

이번 주 동안 자신이 두려운 생각하기를 한다는 것을 알아차렸을 때 지금 여기 있는 모든 것에 감사함을 가져보아라. 나는 몇 년 전에 《감사는 기도의 핵심Gratefulness, The Heart of Prayer》의 저자인 베네딕트회 수사인 다비드 슈타인들-라스트David Steindl-Rast에게서 한 가지 수련법을 배웠다. 그는 매일 밤 자기 전에 한 번도 고마움을 느낀 적 없는 어떤 것에 대해 감사해보라고 하였다. 첫 몇 주간은 쉽겠지만 그 후로는 새로운 감사거리를 찾으려면 정말 많은 생각을 해야 한다. 이 수련을 몇 달 계속하면 감사를 느낄 만한 일을 하루 내내 알아채게 된다. 이 간단한 수련은 당신을 깨어있도록 하여 삶을 변화시킨다.

36
긍정적인 마음으로 걸어보라

자신의 마음과 감정을 자각하는 방법이 여럿 있는데 이 특별한 방법, 걷기는 대부분 사람들이 매일 하는 활동을 이용하는 것이다. 물론 휠체어를 타야 하는 사람들도 긍정적인 마음의 걷기와 연관될 수 있다.

나는 플로리다에서 열린 한 회의에 참석했다가 걷기 명상에 관한 멋진 책을 발견했다. 그 책은 많은 사람이 빌려보았던 탓에 매우 낡았기에 나는 새로 구입해서 종려나무 그늘 아래에서 읽어보았다. 자애로운 승려인 저자 틱 낫 한Thich Nhat Hanh은 "발걸음마다 평화Peace is in every step"라고 가르친다. 나는 그의 지혜롭고도 시적인 구절을 음미하고 나서 느리면서 깨어있는 걷기를 한번 해보려고 마음먹었다.

내가 밖으로 나가려고 할 때 예닐곱 살 쯤 되는 소녀가 로비로 들어왔다. 분홍 카프리 바지에 디즈니 월드 광고 티셔츠를 입고 흰 운동화에 프릴이 달린 양말을 신은 아이는 빛나는 미소를 띠고 있었다. 아이는 손을 겨드랑이에 끼고는 드럼을 치는 밴드 걸처럼 문을 향하여 "하나, 둘, 셋, 넷." 흥겹게 노래하면서 행진하였다.

내 생각인지, 아니면 그 애가 나에게 함께 하자는 눈길을 보냈는지 그 순간 나는 걷기로써 평화와 기쁨을 찾을 수 있는지 알고 싶어졌고 소녀는 완벽하고 자연스러운 걷기 모델이었다. 나는 그 애가 하듯이 걷고 노래하기 위해 호텔 뒤 한적한 곳으로 갔나. 하지만 평화로움만 느꼈다. 일곱 살과 쉰다섯 살은 행동의 기준이 본질적으로 다르다.

그래서 나는 좀 더 느릿하게 걸으면서 걷기가 기분을 어떻게 반영하는지 알아차려보기로 했다. 피곤하고 지쳐 보이는 몇몇 사람들이 구부정한 걸음걸이로 지나갔다. 햇볕에 그을리고 근심이 없어 보이는 노부부가 손을 잡고 가볍게 뛰어갔다. 어떤 이들은 행복하고 생기 있게 걷는 반면에 또 어떤 이들은 생각에 잠겨 보였다. 몇몇은 임무를 할당받은 스파이처럼 어둡고도 굳어 보였다. 많은 이들이 분주함에 빠져 있었다. 어깨가 귀 가까이 올라가 있었고 머리를 앞으로 내밀면 목적지에 빨리 도착이라도 하는 듯 앞으로 기울여 걸었다. 나는 그것이 바로 내 자신이 걷는 방식이라는 사실을 깨달았다. 만약 걷기가 말을 한다면 "길을 비켜라! 난 지금 바빠. 나에게는 중요한 일이 있어"라고 할 것이다. 다정하고 보다 더 평화로운 걷기가 있을 것이다.

호기심이 많은 생물학자로서 나는 여러 가지 걷기 스타일을 시험해 보았다. 허리를 구부정하게 하고 우울에 잠겨 걷는 걸음은… 나를 우울하게 했다. 분주하고도 결의에 찬 걸음은 불안을 부추겼다. 해야 하는데 아직 마치지 못한 일들이 저절로 떠올랐다. 이런데도 어떻게 휴가를 갈 생각을 하는가. 틱 낫 한 식으로 평화로운 호흡을 하면서 걷는 것은 시골에서나 적당하지 도시의 거리에서는 눈에 띌 뿐더러 현실적이지 않은 것 같았다. 그것은 리듬에서 벗어나며 유리창으로 비춰보니 약을 먹은 듯했다. 나의 경우는 도시의 풍경과 소리에 깨어있으면서 자연스러운 속도로 호기심에 차서 걷는 것이 가장 즐거웠다.

자신을 의식하지 않고 표정을 지을 수 있는 경험 많은 배우들에 관한 연구에 의하면 표정이 기분에 영향을 준다고 한다. 미소를 지으면 더 행복해지고 찡그리면 더 슬퍼진다. 얼굴에 두려움이나 화가 나타나면 신체는 투쟁-혹은-도피 반응을 가동시킨다. 얼굴 표정에 자세와 행동을 더한다면 기분의 변화는 훨씬 더 뚜렷해질 것이다. 우리는 마음이 몸에 영향을 끼침을 알고 있지만 몸이 마음에 영향을 끼친다는 사실은 자주 망각한다.

바쁘고 불안한 걸음 대신에 편안한 마음으로 느긋하게 걸어보아라. 이런 식으로 "깨어있는 걷기 주간"을 만들도록 하여라. 호기심, 기쁨, 감각, 혹은 평화와 함께 걸어보아라. 길을 비켜라 식으로 자신이 중요한 사람인 듯 분주하게 걸어보아라. 영국 여왕처럼 차분한 미소를 띠고 몸에 익은 자비심을 지니고 거리로 나가보아라. 황금손Goldfinger을 찾는 제임스 본드처럼 거리를 탐험해보아라. 각각의 방식이 당신에게 어떤 영향을 미치는지 관찰하라. 걷는 방식이 바뀔 때마다 사람들이 다르게 반응한다는 것을 알 수 있을 것이다. 이 평화의 수련의 핵심은 자각이다. 긍정적인 걷기를 선택한 다음 몸과 마음이 어떻게 반응하는지 바라보라.

37
자신의 마음에 귀를 기울여라

내가 어렸을 적 어머니는 친구가 창문에서 뛰어내리면 너도 그럴 거냐고 묻곤 하였다. 나는 그 질문이 정말 못마땅했다. 그런 식으로 접근하는 것이 서툴렀긴 해도 어머니는 나에게 삶에 관한 중요한 교훈을 가르치려했다. 스스로 생각하고 자신의 마음에 귀를 기울이는 법을 배워라. 그렇지 않으면 곤경에 빠지기 쉽다.

자기 자신에게 귀를 기울이는 것은, 특히 당신이 속한 집단이 소중하게 여기는 의견이 있을 때에는, 더 어렵다. 내가 속한 집단에서는 일어날 일이면 매끄럽게 진행될 거라는 믿음이 강하다. 이와 반대로, 일어나서는 안 되는 일이 있으면 그것을 막는 방해물이 나타날 것이다.

전 남편 쿠르트와 결혼할 때 모든 게 순조롭지 않았다. 우리는 결혼으로 가는 길에 여러 장애물을 건너야만 했다. 첫째는 결혼식 초대장에 관한 것이었다. 우리는 초대장을 부치러 우체국에 갈 때 안전하게 한다고 큰 재활용 봉투에 넣어 갔다. 우리는 초대장을 개별적으로 부치지 않고 직원에게 봉합되지 않은 그 봉투를 주면서 개별 편지들이 그 속에 있다고 설명하였다. 그게 그것을 본 마지막이었다. 친절했지만 헷갈린 직원이 그 큰 봉투를 통째로 부쳤음에 틀림없고 신기하게도 반송 주소로 배달되었고 몇 달이나 개봉되지 않은 채 있었다.

우편 서비스가 이 결혼-반대 음모에서 두 번째로 큰 역할을 했다. 한 친구가 결혼식 장소인 우리 집을 장식할 꽃을 보냈다. 꽃은 토요일 오후에 도착하였지만 그 기다란 소포는 시골에 있던 우리 집 우체함에 들어가지 않았으므로 우편배달부는 월요일 우체국에서 찾아가라는 메모를 남기고 다시 가져갔다. 결혼식은 일요일이었다.

이럴 때 여자들이 무엇을 하겠는가. 나는 친구에게 전화를 걸어 하소연을 하였다. 그녀는 화가 났는지 "결혼 그만 둬"라고 잘라 말했다. "이게 강한 암시인 줄 모르겠니? 두 번씩이나! 그만 모든 걸 취소해."

나의 예비 신랑은 친구의 반응에 별로 놀라지 않았다. 그는 은유의 위대한 스승인 프로이트의 "때로 담배는 담배일 뿐이다"라는 말로 의사를 표시했다. 그리고 그가 옳았다. 우리는 멋진 결혼식을 치렀다. 친구들은 나름의 방식대로 결혼을 축하하고 신성하고 의미 있게 해주었다. 한 부부는 남편의 조상인 난티코크Nanticoke족 인디언 추장에게 전화를 걸어 그들의 전통적인 결혼 풍습에 대해 물었는데 그 의식에는 서로의 심장소리를 들을 수 있도록 손목을 잡는 것이 있었다. 그것은 아름다운 결혼이 이루어내는 친밀감에 대한 강력한 비유였다. 대부분의 결혼처럼, 우리의 5년간의 결혼생활에는 나름의 도전도 있었지만 나는 내 마음의 소리에 귀를 기울여 삶에 대한 사랑과 유머를 불러일으키는 남자와 결혼한 것이 감사하다.

결혼식 몇 달 뒤, 쿠르트와 나는 캐나다 서해의 브리티쉬 콜럼비아에 있는 한 섬으로 휴가를 떠났다. 인디언 피가 섞인 쿠르트는 섬에 있는 자신들의 부족 땅으로 송환된 클라호스Klahoos 인디언의 마을에 가고 싶어했다. 인디언들을 억압하고 조약을 위반하는 미국 정부와는 달리 캐나다 정부는 자신들의 원주민에 대하여 보다 호의적이다. 그들은 클라호스 족에게 자신의 문화유산에 대한 자긍심을 회복시켜주는 프로그램으로 카누 조각을 허가했다.

자동차로 둘러봐야 할 만큼 넓은 천년이 된 시다 숲은 깊은 고요와 영롱한 빛으로 숲 속 성당의 분위기를 자아내었다. 우리는 망치와 끌의 리듬 소리에 끌려 두 남자가 일하고 있는 개간지에 도착했다. 억센 손과 평화로운 마음을 지닌 리더 조각가는 유명한 원주민 예술가였다. 그는 카누를 만들기 위하여 쓰러뜨린 육백년 된 나무둥치를 보여주었다. 지름이 족히 8피트는 되어보였는데 아깝게도 중간 부분이 썩어 나가서 속이 휑하니 뚫려있었다. 그 카누는 나무 지름의 반 이하로 아주 좁게 만들어져야 할 것 같았다. 그는 이것은 그들이 당면했던 여러 문제 중 하나였을 뿐이라고 했다.

어찌되었든 그 카누는 우아하고 날렵한 예술 작품이었지만 한 쪽 끝에 난 큰 틈으로 인해 거의 반으로 갈라져있어 나무 쐐기를 박아야 했다. 나무 자르는 경험이 없는 이들이 속이 빈 나무를 골랐을 뿐 아니라 나무가 쓰러질 때 완충 작용을 하도록 부드러운 침엽수잎을 깔고 깨끗이 하는 것을 소홀히 했던 것이다.

진수식 축제까지는 몇 주 밖에 남지 않았다. 아직 할 일이 많았고 그 조각가는 한 명의 숙련공만 데리고 있었다. 우리는 도와줄 사람들이 더 없느냐고 물어보았다. 그는 조용히 고개를 흔들었다. 조각은 매우 힘이 들고 어려운 작업이다. 몇 사람이 시도했지만 결국 한 사람만 남았다고 말했다.

나는 원시림에서도 일이 잘 돌아가지 않는구나 라고 우울하게 생각하였다. 만약 결혼식을 취소하라고 조언한 친구가 여기에 있다면 아마 카누도 헛된 명분이라고 단언할 것이다. 그녀의 목소리가 들리는 듯하다. "일이 잘되지 않는 것은 해서는 안된다는 뜻이야."

나는 무슨 말을 해야 할지 주저하면서 만면에 미소를 띠고 편안해 보이는 그 강인한 조각가를 바라보았다. 나는 조심스레 말했다. "이 카누 프로젝트에 당신의 몫 이상의 문제가 있는데도 당신은 참으로 긍정적입니다. 문화적인 차이가 있는가요. 이런 일이 우리 문화에서 발생한다면 사람들은 이러한 문제는 프로젝트를 중지해야 하는 신호로 봅니다. 어떻게 생각하세요?"

그는 지혜로운 눈빛으로 나를 바라보고 하얀 이를 드러내며 웃었다. "방해는 좋은 신호입니다. 정말로 좋은 신호요. 이 프로젝트는 아주 축복받았습니다. 왜냐하면 태어나려는 영혼이 크면 클수록 극복해야하는 고난이 더 큰 법이지요. 고난이 그것을 더 강하게 만드니까요. 이 카누는 아주 큰 영혼을 가지고 있어요. 우리 부족의 자긍심과 존재의 재탄생입니다."

그 조각가가 카누에 대해 말할 때 나는 나의 결혼을 생각하였다. 그 순간 나는 너무나 기뻤다. 방해물에 대한 조각가의 해석은 친구의 해석보다 훨씬 더 긍정적이었다. 나는 진실을 깨달았다. 조각가와 친구의 말 어느 쪽을 받아들이는 것과 무관하게 나는 스스로 생각하고 자신의 마음에 귀를 기울이지 않았던 것이다. 나는 나의 힘을 다른 것에 내주고 있었다.

우리는 전문가의 세상에 살고 있다. 전문가들이 토크쇼에서 아야기를 하고 잡지에 글을 싣는다. 우리가 무엇을 생각하고 삶을 어떻게 꾸려갈지 일러준다. 이것을 먹으면 날씬하고 행복해질 거다. 저렇게 생각하면 꿈을 실현할 것이다. 선하게 행동하면 병에 걸리지 않을 것이다. 그 계시를 따르면 천사가 당신을 인도할 것이다.

분주한 세상에서는 정답을 아는 사람이 있다고 믿고 싶다. 때로 그들이 내놓은 답이 맞을 수도 있지만 그렇더라도 그 대답이 당신 것은 아니다. 이번 주에는 당신 자신이 자신의 삶의 권위자임을 기억하라.

다른 사람의 지혜를 귀담아듣고 당신에게 도움이 되는 것을 취하고 나머지는 내버려두면 보다 더 평화로워질 것이다. 평화란 자신을 아는 것… 그리고 자신이 삶과 사랑에 이로운 결정을 한다고 믿는 데서 시작된다.

38
명상

명상은 마음을 조절한다는 측면에서 보면, 알아차림과 선택의 근육을 강화하는 정신적 팔굽혀 펴기이다. 명상은 삶을 위해 다수가 채택하는 방법은 아니지만 몇 주간의 명상만으로도 마음을 닦고 태도가 변하는 데에 도움이 될 수 있고 계속할 수 있으면 신체에 실제로 긍정적으로 작용한다. 그렇지만 규칙적으로 명상을 하는 사람들이 가장 관심을 갖는 것은 영혼이다. 실제로 모든 종교적 전통에서 명상은 영적 존재와의 합일에 도달하기 위한 하나의 방법이다.

하지만 명상을 하기 위하여 종교적일 필요는 없다. 나의 멘토이자 전 동료인 하버드대 심장전문의 허버트 벤슨 박사는 1960년대에 마음의 분주한 소리를 막아주는 모든 반복적 정신적 활동이 생리적인 안정 쪽으로 변화시킴을 발견했다. 그는 이를 이완반응이라고 불렀다. 이것은 투쟁-혹은-도피 반응, 즉 스트레스 반응에 대항하는 신체의 자연스러운 균형이다. 이완 반응에 대한 연구에 의하면 매일 10분만 수련하여도 면역계가 강화되고 숙면을 하고 혈압이 낮아지며 불규칙한 심장 박동이 예방되며 스트레스 호르몬인 코티졸 수준이 낮아지며 불안이 감소되고 기쁨과 평화가 늘어난다. 몇 분간의 시간을 할애하는 것만으로 이렇게 된다는 것은 굉장한 일이다.

당신은 자신이 명상가가 아니라고 생각하겠지만 사실 누구나 명상을 해왔다. 예를 들어 숫자를 적어가며 계산을 맞추려고 완전히 집중해있을 때 시간은 쏜살같이 지나가버린다. 다른 것은 생각지 않고 그 일에만 빠져있다. 만약 당신의 재정 상태가 괜찮다면 이런 일은 이완 활동이 될 수 있다. 뜨개질도 비슷한 효과를 지니고 있다. 바늘과 실의 반복적인 움직임은 마음을 가라앉히고 평화로운 본연의 마음이 빛나도록 한다. 그래서 이 바쁜 세상에서 뜨개질이 점점 인기가 있는지 모른다.

하지만 항상 뜨개질을 하거나 수표장을 들고 다닐 수는 없다. 이완반응을 이끌어내는 가장 이동 가능한 지점은 마음 안에 있다. 종교가 있다면 그 종교의 교리에 나오는 구절이나 노래를 반복적인 정신적 초점으로 사용할 수 있다. 그리스 정교회 교인인 한 환자는 교회에서 예수의 자비에 관한 찬송가인 "크리에 엘라이손Kryie Eleison"을 노래할 때 평화로워진다고 하였다. 나는 그에게 그 찬송가를 몇 차례 크게 불러 마음이 평화로워지면 명상을 시작해보라고 권하였다. 그런 다음 10~15분 간 마음속으로 그 찬송가를 노래했다. 이렇게 간단하고도 즐거운 수련이 이완반응이라는 생리적 이점을 이끌어냈고 보다 고귀한 존재와의 영적 친교가 되었다.

마음을 단 하나의 대상에만 가져다 놓는 것을 집중 명상concentration meditation이라 부른다. 어린 시절에 이 방법을 배운다면 얼마나 창조적이고 생산적이고 평화로운 어른이 될 것인가. 물론 연습이 필요하지만 피아노와 운전을 배우는 것처럼 그것은 곧 제 2의 본성이 될 것이다. 운전을 처음 배울 때 제대로 하기가 얼마나 어려웠는지 기억나는가. 하지만 몇 주가 지나면 모든 게 자리를 잡는다. 명상을 배우기 위한 열쇠는 사람들 대부분이 처음에는 어렵다고 여긴다는 사실을 깨닫는 것이다. 그들은 저절로 더 없는 평화의 상태로 들어가는 게 아니라 내일 아침은 무엇을 먹을까와 같은 사소한 문제들을 내내 생각한다.

예를 들어, 복부 호흡 명상을 한다고 하자. 들이쉬면 배가 부풀고 내쉬면 이완되는 데 집중한다. 그 때에 생각이 떠오른다: 참 편안하구나, 왜 좀 더 자주 하지 않았지? 또 다른 생각이 나타난다: 나는 너무 바쁘고 스트레스도 많아. 정말 이런 것이 필요해. 집안일을 도와주는 사람은 하나도 없고 화장실 휴지 하나 갈아 끼울 사람이 없어. 당신은 곧 명상이 아니라 생각을 하게 된다. 중요한 것은 가능한 한 빨리 생각을 알아차리고 부드럽게 내보내고 다시 반복적인 정신적 초점으로 돌아오는 것이다.

많은 이들이 자신의 마음이 얼마나 분주한지를 알고 명상을 포기한다. 나는 명상을 잘 못해. 다른 사람들은 바로 이완하는데 내 마음은 너무 분주해와 같은 생각이 끼어든다. 오해하지 말라. 생각은 계속될 것이며 그것이 마음의 본성이다. 집중 명상의 목표는 마음을 중지시키는 게 아니라 강력한 정신적 무술을 배우는 것이다. 생각이 왔거나 오려고 하면 선택을 한다. 그것을 바라보고 내보낼까, 아니면 계속 생각을 할까. 10분 내지 15분 동안 수십 번 마음을 초점으로 되돌릴지 모른다. 이렇게 하면 놓아 보내기라는 정신적 근육이 강화된다. 몇 주만 수련을 해도 하루 중 마음을 조절하기가 훨씬 쉬워짐을 알게 것이다. 당신은 내내 수련 상태에 있게 된다.

조금 더 수련하면 생각보다 더 깊은 곳에 있는 마음의 층을 발견할 것이다. 대양이 표면은 소란해도 몇 피트 아래에는 고요한 것처럼 마음도 그러하다. 명상은 당신이 그러한 평화의 단계까지 가도록 훈련시킨다. 명상은 폭풍의 눈을 발견하는 하나의 방법이다.

명상의 가장 큰 이점 중 한 가지는 자각이다. 만약 어떤 사람이 "당신이 생각할 때마다 1페니를 주겠어요"라고 말한다고 해도 당신은 거의 반 이상 자신이 무슨 생각을 하는지 말할 수 없을 것이다. 고속도로에서 출구를 놓쳐버린 상태로 네버랜드에서 놀고 있을 것이다. 이는 불이 켜져 있지만 아무도 없는 빈집처럼 이미 익숙해져버린 무심의 상태이다. 명상은 더 많은 선택, 자유, 즐거움을 경험할 수 있도록 마음이 깨어있게 한다.

마음챙김 명상은 독자적으로 하나의 전통이다. 하나의 초점으로 계속 돌아오는 집중명상과 달리 마음챙김 명상은 당신의 자각을 확장시켜 판단하지 않고 알아차리는 것이다. 예를 들어, 춥다고 느끼면서 그것이 좋거나 나쁘다는 식으로 경험을 왜곡시키는 생각을 하지 않는 것이다. 대신 그냥 차가운 감각이 어떤 것인지 바라보는 것이다. 내가 제일 좋아하는 마음챙김 명상은 완전히 집중하면서 한 조각의 초콜릿 케이크를 먹는 것이다. 당신도 한 번 해보면 좋겠다.

매사추세츠 대학교의 의학, 건강관리, 그리고 사회에서의 마음챙김 센터(The Center for Mindfulness in Medicine, Health Care, and Society)의 책임자인 존 카밧-진 박사는 두 개의 건포도로 수련을 진행한다. 참가자들은 건포도의 향기, 질감, 그리고 입에 가득 고이는 침의 느낌에 집중 음미하면서 먹는다. 마음챙김 명상은 세계를 확장하며 가장 세상적인 일도 모험으로 만들 수 있다. 당신은 카밧-진의 책 《당신이 어디를 가든, 당신은 거기에 있다Wherever You Go, There You Are》를 좋아할 것이다.

사람 수만큼이나 다양한 명상법이 있다. 어떤 사람에게 좋은 것이 다른 사람에게는 맞지 않을 수 있다. 집중명상은 단순하며 책을 통해 배울 수 있다. 마음챙김 명상은 스승과 함께 배우는 것이 더 쉽다. 다행히도 전국에 걸쳐 수백 개의 병원에서 카밧-진의 스트레스 감소 및 이완 프로그램을 배울 수 있다.

이번 주에는 명상을 시도해보라. 초심자라면 천천히 시작해라. 5분이면 충분하다. 좋아하게 되면 점차 시간을 늘려보아라. 연구에 의하면 생리적 심리적 이점을 만들고 유지하는데 일주일에 너댓 번 10~20분이면 충분하다. 좋은 명상에 대한 유일한 정의는 당신이 내리는 것임을 잊지 말라. 수련 중 평화를 경험하는 것이 목표가 아니라 점차 더 많은 평화, 자각, 그리고 선택을 느낄 수 있도록 마음을 훈련하는 것이 목표이다. 만약 5분 동안 마음을 생각에서 계속 끄집어낼 수 있다면, 기뻐하라. 당신은 많은 정신적 무술을 수련한 것이다.

모든 습관처럼 명상에도 책임감이 필요하다. 매일 같은 시간 같은 장소에서 명상하는 것이 좋다. 만약 집에 조용한 공간이 있다면 그곳에서 명상하라. 나의 환자 한 사람은 어린 아이들 때문에 직장에서 점심시간 동안 차 안에서 명상을 했다. 친구 재닛은 샤워를 마치고 머리칼이 마르는 동안 명상을 한다. 명상을 마칠 때면 드라이기로 말리기에 좋을 만큼 머리칼이 젖어있다. 나는 자기 전에 명상하기를 좋아하지만 이것이 잠을 방해한다고 말하는 이들도 있다. 중요한 것은 자신에게 적합한 시간을 알아내고 수련을 계속하는 것이다.

PART 5

자비, 친절, 명확한 소통을 향상시키는 법

Inner Peace For Busy People

39
가슴 지능을 길러라

달라이 라마는 자신의 종교는 자비라고 말한다. 1989년 나는 한 국제회의의 일원으로 달라이 라마와 건강과 치유에 관하여 면담할 기회가 있었다. 나는 과학과 의학에 새로운 통찰을 제공한 불교에 관해 묻기로 되어있었는데 그 분의 학식이 높다는 것을 알았으므로 긴장되었다. 달리 말하면 두려웠다. 만약 실수를 하거나 중요한 절차를 어긴다면? 하지만 달라이 라마가 방 안으로 들어서자 두려움이 사라졌다. 그의 부드러운 눈빛과 환한 미소가 근심의 구름을 통과하여 나의 평화심을 건드렸다. 그와 함께 있는 동안 집에 있는 듯이 완벽하게 편안했다. 나는 그가 나에게 보이는 존경, 관심, 사랑을 느낄 수 있었고 그때 그 자리에서 받은 존경과 자비를 다른 사람에게 확장시키리라고 마음먹었다.

달라이 라마는 우리가 사랑의 중요성을 간과한다고 말한다. 우리는 뇌와 지력에 관해서는 계속 공부하면서 가슴은 무시한다. 그 결과 우리의 기술과 과학이 파괴적으로 사용되는 것이다. 정신적 지력은 있지만 가슴의 지력이 결핍되었다. 달에 로켓을 보낼 수 있지만 바로 이웃에 있는 집 없는 이들을 그냥 지나친다.

나는 콜로라도의 부자 동네에 살고 있다. 하지만 이곳에서도 매 맞는 아내가 있고, 중독자, 정신적으로 병든 이웃, 불운한 가족들이 있다. 어느 날 내가 야외 쇼핑몰을 걸어가고 있는데 내 나이쯤 된 턱 수염을 기른 걸인이 다가왔다. 판단이 물밀 듯 밀려왔고 나는 왜 저 사람은 직업을 가지지 않을까 라고 생각하였다. 그 때 나를 인정하고 존중했던 달라이 라마의 태도가 떠올랐다. 그래서 볼일을 보기 전 잠시 시간을 내어 그에게 어쩌다가 이 추운 겨울에 잔돈을 구걸하게 되었는지 물어보았다.

그의 이름은 "존"이었다. 우리는 벤치에 앉았고, 그는 1960년대에 베트남전에 참전한 이야기를 하였다. 그 때 존은 18살의 용감한 이상주의자로 국가를 위해 봉사하고 싶었다. 그는 자신의 대대 대부분이 한 매복 공격에서 죽었고 가장 친한 친구의 피가 정글을 물들인 이야기를 하면서 두 팔로 머리를 감싸고 울었다.

긴 침묵이 이어졌다. 나는 치료사로서 그러한 비극에서 회복하기가 얼마나 힘든지, 마음의 공포 영화가 어떤 식으로 한 사람의 생명의 기운을 앗아갔는지 생각했다. 이런 악몽을 외상후 스트레스 장애라 부른다. 이와 관련된 뇌의 생화학 중 일부가 밝혀지고 있지만 아직 치료까지 가기에는 갈 길이 멀다.

나는 그가 어디에서 치료를 받았는지 매우 궁금하였다. 존은 아직도 치료를 받다가 안 받다가 하고 있었고 그것이 그리 큰 도움이 되지 않았다. 그는 혼자 유목민처럼 살고 있었고 마을로 거의 내려오지 않았다. 그날 그는 자신의 빈한한 생활에 필요한 몇 가지 생필품을 사기 위하여 내려와 구걸을 하고 있었던 것이다. 그는 35년 간 그를 따라다녔던 피곤과 공포와 상심 사이로 예전 젊었을 때의 잘생긴 모습을 잠깐 보이면서 미소를 지었다. 그 순간 나는 나의 두 아들, 저스틴과 안드레이를 보았다. 이 남자도 한 때는 누구의 아들이었다.

우리는 잠시 손을 잡고 그냥 한 인간으로서 함께 벤치에 앉아 서로를 바라보았다. 내가 무슨 말을 할 수 있을까? "미안합니다, 정말 미안합니다." 두 마음이 닿았던 그 잠깐 동안 우리는 평화의 성사를 나누었다.

존을 다시 보지는 못했지만 그는 여전히 나와 함께 있다. 너무 바쁘다고 불평을 하는 순간 나는 그의 부드러운 갈색 눈을 생각하고 그가 목격했던 것에 대해 생각한다. 자비심과 가슴 지능의 순간에는 감사함이 샘솟는다. 나에게는 삶이 있다. 배우고 사랑하고 주고받을 소중한 시간이 있다. 나는 내 몫만큼의 고통을 가졌지만 존은 그의 몫 이상을 가졌었다. 그것으로 인해 나는 겸손해지고 나의 문제를 멀리서 바라보게 된다. 자비심은 위대한 평정가이다. 나는 존을 동정하지 않는다. 작가인 스테판 레빈Stephen Levine이 이야기하였듯이 동정심은 두려움이 다른 이의 고통에 닿을 때, 자비심은 사랑이 다른 이의 고통에 닿을 때 온다. 동정심을 당신을 미숙하고 공허하게 하지만 자비심은 당신을 충만하고 평화롭게 한다.

이번 주에는 당신의 가슴 지능을 높여보아라. 고통 받는 모든 사람들의 이야기를 물을 필요는 없다. 그들이 어떤 이야기를 가지고 있음을 아는 것만으로도 충분하다. 그들 대부분은 자신들의 역사와 환경에서 최선을 다해 가장 용감한 방식으로 인생을 대면했던 것이다. 그들은 당신의 친절과 존중을 받을 가치가 있다.

이번 주 동안 당신이 만나는 모든 사람을 당신과 마찬가지로 평화와 행복감을 발견하려고 애쓰고 있는 한 인간으로 보아라. 당신의 가슴이 조금이라도 더 열린다면 평화스러운 당신의 중심이 빛나고 몸과 마음은 이완되고 자비심은 당신이 자기 자신으로 고요히 돌아가도록 도와줄 것이다.

40
친절함의 출발점이 되라

나는 총기 강도가 많기로 유명한 보스턴의 빈민가에서 자동차 사고로 머리에 심한 부상을 입은 적이 있다. 운전대에 부딪혀 정신이 혼미해진 내가 부상 정도를 가늠하고 있는데 운전자석 문이 열리고 한 낯선 사람이 도와주려는 듯 서 있었다. 정확한 나이를 알 수 없는 그 아프리카계 미국인은 내 옆에 무릎을 꿇고 앉아 크고 부드러운 손으로 나의 머리칼을 쓰다듬으려 했다. 그녀는 내 얼굴의 피를 보고 주춤하더니 내 손을 잡았다. “걱정 마세요. 괜찮을 겁니다. 구급차가 오는 중이고 제가 여기 있을게요. 아무데도 안 갈게요.”

나는 나를 안심시키던 그녀의 말을 아직까지도 기억한다. 공포를 물리치기 위해 고치처럼 나를 감싸던 친절한 목소리를 느낄 수 있다. 그녀는 구급차가 도착할 때까지 내 옆에 있었다. 잠시 세상의 중심이 되었던 이 낯선 이는 내가 구급차에 실려 문이 닫힐 때까지 내 옆에 있었다.

나는 사고 당시에 거의 망가진 코를 지금 가지고 있는 게 그녀의 작은 친절 덕분이라 생각한다. 위로하는 손길과 안심시키는 말이 조직손상을 최소화하면서 혈압을 떨어뜨렸을 것이다. 간혹 그녀 생각이 나고 고마움을 전하고 싶다는 생각이 든다. 하지만 이 바람은 그녀보다는 나 자신을 위해서다. 친절함은 그 자체로 보답 받으며 주는 이를 기쁘게 한다. 내 삶의 영적 규칙에 의하면 모든 친절함은 10배로 돌아온다.

어떤 친절함이 삶의 분수령이거나 적어도 믿음에 대한 확인이 되었던 순간이 있었을 것이다. 내 친구 카트린Kathleen은 여행을 하는 친구의 아이를 보살피기 위하여 대륙을 가로질러 갔다. 카트린은 아이를 데리고 나가서 아침을 먹이고는 남은 음식은 테이크아웃 상자에 담아 유모차 바구니에 두었다. 그녀는 한 유명한 교회를 보려고 볼티모어의 가난한 동네로 산책을 갔다가 돌아오는 길에 아이에게 남은 아침을 마저 먹이려고 잠시 멈추었다. 그때 한 여자 노숙자가 다가와 아이를 위해 따뜻한 음식이 필요하면 길 아래에 좋은 장소가 있다고 말해주었다.

카트린은 노숙자의 관심이 너무 고마워 눈물이 났고 그 여자가 그저 노숙자를 닮은게 아닌가 생각했다. 하지만 누구라도 그럴 수 있다. 줄 물건이 하나도 없을 때라도 친절함은 삶의 양식이다. 카트린이 교회에서 찾던 것이 무엇이었든 간에 그녀는 길에서 그것을 발견하였다. 우리가 서로를 보살필 때보다 더 신과 가까울 때가 있겠는가.

몇 년 전에《마음 가는 대로의 친절Random Acts of Kindness》이라는 작은 책이 베스트셀러가 되었다. 그 책에는 시간이 다 되어가는 주차기에 동전을 넣어준다든지, 뒤차를 위하여 교통요금을 내는 것과 같은 작은 친절을 통해 기쁨을 전할 수 있다고 제안하였다. 나도 교통요금을 미리 내주는 친절의 혜택을 받았던 적이 있었다. 난폭한 운전이 일상적인 이 험한 시절에 그것은 일종의 충격이었다.

친절함의 열쇠는 다른 사람도 당신과 마찬가지라는 것을 인식하는 것이다. 그들도 당신처럼 희망과 두려움, 기쁨과 슬픔을 지니고 있다. 분주한 세상에서는 사람들을 인간으로보다는 역할로 보기가 쉽다. 웨이터나 웨이트리스, 경찰관과 우편배달부, 탑승원과 환경 미화원와 같은 서비스업 사람들은 흔히 합당한 대우를 받지 못한다.

아들 저스틴은 식당의 매니저이면서 테이블 시중도 일부 맡고 있다. 그는 친절한 손님과 친절하지 않은 손님 이야기를 많이 알고 있다. 한 번은 100달러 식사에 50달러 팁을 받은 적도 있었다. 예의바르고 헌신적이고 총명하고 친절한 저스틴에게 손님이 고마운 마음을 표한 것이다. 물론 팁이 기뻤지만 고마움이야말로 그보다 더 중요하였다. 또한 100달러 수표에 1달러를 받은 적도 있었다. 분명 그 손님은 식사비가 충분히 비쌌다고 여겼을 것이다. 그들은 웨이터도 생활비를 벌어 쓰는 사람임을 잊어버렸다.

지난 겨울, 우리는 환경 미화원, 우편배달부, 도로유지반에게 팁을 주었는데 그들 모두에게서 감사 편지를 받아서 정말 놀랐다. 더 놀라왔던 것은 그들은 자신들의 크리스마스 팁 대부분을 도움이 필요한 아이들에게 줄 선물을 사는 데 사용했다는 사실이다.

이번 주에는 친절을 주고받는 것에 대해 집중해보아라. 바쁘더라도 친절을 베푼 이들에게 감사의 쪽지를 쓰라. 그들의 배려가 얼마나 큰 변화를 가져왔는지에 대해 다정한 편지를 써보아라. 그들이 언제 친절을 베풀었는지 말해주어라. 사랑하는 이들에게 그들이 한 일 때문이 아니라 그냥 그들 자체로 얼마나 멋진가를 알려주어라. 마음 가는 대로 몇 가지 친절한 행동을 할 수도 있다. 그것은 정말 재미있다. 아는 사람에게 하고 싶다면 그 사람 모르게 하라. 가장 좋아하는 디저트가 책상 위에 놓여있는 것을 보면 신기하고 기쁘다. 그것은 몸뿐만 아니라 영혼을 회복시켜준다.

41
용서하라

1990년대 초반 타임지의 한 커버스토리는 용서란 용서하는 이를 자유롭게 하는 것으로서 개인과 국가가 지켜야 하는 현명한 정책이라고 하였다. 로빈 카사르잔Robin Casarjian은 《용서는 평화로운 마음을 위한 용감한 선택Forgiveness: A Bold Choice for a Peaceful Heart》이라는 책을 이렇게 시작한다: "당신이 알고 있는 용서에 관한 모든 견해를 의자 밑으로 치우세요. 우리가 이야기를 나누는 중에도 그 견해가 필요하다면 그냥 손을 밑으로 뻗쳐 가져오면 됩니다." 이제 나는 당신에게도 같은 초대를 하려고 한다.

몇 년 전 건강과 치유에 관한 워크숍에서 용서를 가르치던 중이었다. 유대인인 나는 가족 몇 사람이 아우슈비츠에서 사라졌으므로 워크숍 전에 내 감정부터 면밀히 살펴보았다. 여전히 분노에 차 홀로코스트를 비난하고 있는가. 그럴 경우 내가 독일 형제자매들에게 용서를 가르친다는 것은 불가능할 것 같았다. 나는 분노에서 자유로워졌다고 느꼈고 계속 해도 되겠다고 생각했다.

참석자 중 일부는 나치의 자손들이었다. 그들은 무거운 짐을 진 채 자신들의 부모의 행동을 이해하고 과거의 사슬에서 자유로워지기 위해 애쓰고 있었다. 우리는 용서가 무엇인지 더 잘 이해하기 위해서 용서가 아닌 것이 무엇인지 토론하였다. 용서는 나쁜 행위를 묵과하는 것이 아니다. 당신은 법정에서 당신의 물건을 훔친 사람에 대해 증언하면서 동시에 그를 용서할 수 있다. 그것은 사면의 조건을 만드는 것이 아니다. 용서란 그 사람을 교정하는 채찍이 아니라 그를 있는 그대로 이해하는 것이다. 용서란 어떤 특별한 행동에 관한 것이 아니다. 당신은 집으로 돌아가지 않고도 학대한 부모를 용서할 수 있고, 혹은 일요일 가족 식사에 참석하기 시작할 수도 있다. 중요한 것은 용서란 다른 사람을 위하여 하는 무엇이 아니라는 것이다. 그것은 자신을 자유롭게 하고 평화를 발견하는 것이다. 당신이 베푸는 자애심은 당신 자신에게 간다.

우리는 다함께 몇 년 전 로빈에게서 배웠던 심상 수련을 하였다. 호흡에 집중하면서 자신의 허락 하에서만 들어올 수 있는 안전하고 신성한 곳에 있다고 상상하였다. 그런 후 자신이 용서하고 싶거나 자신을 용서해주기를 바라는 사람을 그 성소로 초대한다고 상상하였다. 그곳에서 그들은 마음을 터놓고 이야기를 나누었다. 자신의 기분을 표현하고 그에 대한 응답을 듣는 것은 가슴 뭉클하다. 이런 경험을 촉진할 때에 나는 여성 참석자들에게 마스카라가 엉망이 될지 모른다고 말하곤 한다.

수련 후 화장실에서 한 여성이 나에게 다가왔다. 그녀는 자신이 아는 가장 용감하고 인자한 남자와의 저녁식사에 대해 이야기하였다. 그가 죽음의 수용소에서 생체 실험을 한 의사라고 말하자 나는 재빠른 판단으로 인해 일그러지는 얼굴 표정을 감출 수 없었다. 괴물이 내 눈앞에서 춤을 추는 것 같았고 홀로코스트가 다시 개인적으로 다가왔다. 나는 나치를 용서했다고 믿었음에도 불구하고 그 순간 여전히 판단으로 과거와 묶여 있음을 알았다.

그 의사의 임무는 아이들에게 독소 주사를 놓고 그것이 신체 조직에 미치는 손상을 분류하는 것이었다. 아이들은 철저한 감시 속에서 실험 기간 내내 병원에 갇혀있었다. 그는 그 건물이 수용할 수 있는 최대한의 아이들을 모았다. 하지만 독소 대신 무해한 소금물을 주사하였다. 아이들은 옷을 입었고 먹었고 보살핌을 받았다. 그의 보살핌을 받은 아이들은 모두 살아남아 자유를 찾았다. 이 어린 아이들을 보호하는 동안 언제라도 그의 반역이 발각될 수 있었을 것이다. 그는 생명이 위태로웠지만 사랑으로써 행동할 용기가 있었다.

나는 홀로코스트의 이름 없는 영웅들에 대해 그리 많이 생각하지 않았다. 그런 영웅들이 분명 많았을 것이다. 나는 많은 선량한 독일인들이 그 암울한 시대에 얼마나 고통을 받았는지는 한 번도 생각하지 않았다. 그 이야기로 인해 나는 보다 자애로운 마음을 지니게 되었다. 그것이 용서의 기적이다. 용서는 상처를 지혜로 바꾸며 닫힌 마음을 열리게 한다. 고통을 밀어내고 사랑을 채운다.

독일 여행에서 나는 지금은 박물관이 된 뮌헨 외곽에 있는 수용소 다하우Dachau를 찾아갔다. 우연히도 그 날은 유럽의 할로윈 데이인 위령의 날이었다. 이 날은 죽은 이들은 찾아가는 날로 독일 부모들은 다하우로 아이들을 데려가서 붉은 봉헌 초를 꽂은 돌무덤을 남긴다. 막사와 흙길, 작업장, 그리고 화로는 모두 화해와 용서의 제단으로 변하였다.

몇몇 종교 단체에서 다하우에 성소를 만들었다. 날이 어두워져서 나는 유대교 성소만 가 볼 수 있었다. 유대교 성소는 반성과 용서를 경험하도록 조각되어 있었다. 입구는 가시 박힌 철사처럼 보이도록 만들어진 금속 담이었고 들어가려면 산로 같은 어두운 터널을 엎드려 기어가야 한다. 터널은 자궁 같은 둥근 방으로 연결되는데 둥근 천장 꼭대기에 있는 구멍으로만 빛이 들어온다.

단 하나의 초가 타고 있는 성소에서 나는 삶, 희망, 부활의 상징에 관해 생각하였다. 촛불 이외에는 오직 한 가지, 그 마을 사람들이 가져온 장식판이 돌벽에 걸려있다. 그것은 가슴 깊은 후회를 표현하고 있다. 어떻게 이런 대학살이 일어날 수가 있는가. 나는 어둠 속에서 그 많은 유대인 어린이들을 구한 나치 의사를 생각했다. 또한 그 학살을 그만두고 싶었겠지만 무력감을 느꼈던 이들을 생각했다. 그들의 슬픔이 그 성스러운 곳에서 안개처럼 맴돌았다. 나는 이해하였고 그들을 위해 울었다. 만약 내게 봉헌 초가 있었다면 그들을 위한 돌무덤을 만들어 초를 밝혔을 것이다. 그들 역시 희생자였다.

어둠이 짙어지고 있는 밖으로 나왔을 때 나는 새로 태어난 것 같았다. 용서를 가르치기 위하여 독일에 왔으나 용서하는 법을 배운 사람은 바로 나였다. 예수라는 이름의 유대인은 제자들에게 자신이 판단받지 않으려면 남을 판단하지 말라고 했다. 나는 그 말이 참임을 알았다. 용서의 다른 정의인 판단하지 않기를 배운다면 자기 자신을 덜 판단하게 된다. 모든 판단 가운데 가장 괴로운 것은 자기-판단이다. 누구나 실수를 한다. 하지만 용서를 받는 것은 그 실수에서 교훈을 얻을 때이다. 자신의 행위에 대해 용서하면서 자신의 성장을 기뻐할 수 있다.

이번 주에는 후회와 분노에 관한 목록을 만들어라. 다른 사람에게 상처를 주지 않고 고쳐 보아라. 그것이 자기-용서의 시작이다. 그리고 로빈이 늘 이야기하듯 자신에 대해 부드러워져라. 용서하는 데에는 시간이 걸린다. 일주일 만에 할 수 없으며 평생 마치지 못할지도 모른다. 하지만 그것은 내면의 평화를 위한 가치 있는 추구이다. 당신이 자신의 고통과 한계, 그리고 당신에게 상처를 준 이들의 고통을 이해하려고 할 때 자애심이 길러진다. 그것은 당신의 적이 가장 노리는 것이며 마음의 가장 힘든 스승인 셈이다.

42
판단하지 말라

다른 사람 신발을 신고 일 마일만 걸어 보면 이해가 깊어지고 판단이 사라질 거라는 말은 참으로 맞는 말이다. 심각한 정서적 상처가 없다면 대부분 사람들은 배움의 과정에서 실수를 하더라도 최선을 다한다. 하지만 어떤 사람을 이해하는 기회가 부족하면 판단자는 불쾌하고 공격적인 모습을 띤다.

30대 후반 즈음 나에게 입에 발린 조언을 하던 동료가 있었다. 그는 나는 자연 미인이므로 예쁘게 보이기 위하여 구태여 화장이나 근사한 옷이 필요하지 않다고 말했다. 이것은 호감에서 나온 말은 아니었다. 그가 암시하고자 하는 것은 내가 허영심이 많고, 천박하며, 불안이 깊어 외모에 너무 많은 신경을 쓴다는 것이었다. 나는 모욕감을 느꼈다. 하지만 나의 약한 마음 한 구석은 그 말을 믿었다. 유행을 뒤쫓는 여자는 아니지만 멋있게 보이려고 하는 것이 성격상의 결함이 아닌지 걱정이 되었다. 나는 편한 신발을 신고 면도하지 않은 다리에다 자선통에서 건진 옷을 입는 히피형 여자였던 더 젊은 시절로 돌아갈까 생각해보았다. 문제를 진지하게 고민한 후 결국 동료의 판단을 무시하고 내가 원하는 대로 입기로 결심하였다.

당신은 그런 사건이 내게 왜 그리 깊은 영향을 미쳤는지 궁금해 할지 모르겠다. 다른 사람이 어떻게 생각하든 누가 그리 신경을 쓰는가. 불행히도 우리들 대부분이 신경을 쓴다. 인정받고, 존중받고, 사랑받고 싶은 욕구는 생존에 관한 문제이다. 아기일 때의 거절은 죽음이었으므로 인간의 뇌는 인정 욕구로 얽혀져 있다. 예부터 현인들이 충고하듯 우리에게 칭찬과 비난에 대한 면역성이 있다면 보다 더 평화로울 것이다.

뇌 화학이 행동에 미치는 영향을 연구하는 정신과 의사인 다니엘 에이멘Daniel Amen은 몇 가지 멋진 충고를 한다. 그는 그것을 18/40/60이라 부른다. 18살 때는 다른 사람이 당신을 어떻게 생각하는지 굉장히 신경을 쓴다. 40살에는 다른 사람들이 어떻게 생각하든 욕하지 않는다. 그리고 60이 되면 어쨌든 아무도 당신에 대하여 관심을 두지 않는다는 사실을 깨닫는다. 에이멘 박사의 규칙이 맞지만 보다 더 젊을 때 60세의 지혜를 발달시킨다면 더 현명하고 평화로워질 것이다. 우리는 타인의 우주의 중심이 아니다. 그들의 역할은 판단하는 것이 아니며 우리의 역할이 복종도 아니다. 내면의 평화에는 자신의 삶을 방향 지을 권리와 다른 사람에게 그들 나름의 삶을 살도록 허용하는 존중이 필요하다.

판단은 흔히 자신에 대해 인정하고 싶지 않은 어떤 것의 투사이다. 우리는 주위사람들에게서 그것을 본다. 성급한 사람들은 성급함을 잘 알아챈다. 무기력한 이들은 희생자 역할을 하는 이들을 투사하기가 쉽다. 화가 난 사람의 주위는 온통 분노다. 겁에 질린 이들은 타인의 공포와 불안감에 관한 전문가이다. 아마 나의 옷차림에 관심이 많은 동료는 특별해 보이고 눈에 띄고 싶은 자신의 내면의 욕구와 씨름을 하는 중일 것이다. 그는 겸손하고 영적이려는 욕망을 지닌 채 화려함에 대한 두려움을 나에게 투사했을 지도 모른다.

지금의 이웃보다 더 괜찮은 사람들이 사는 곳을 물색하고 있는 사람에 관한 우화가 있다. 그가 새로운 동네에서 낯선 사람을 붙잡고 그곳 사람들에 대해 물어보자, 낯선 사람이 고개를 흔들며 대답한다. "당신 동네 사람들과 똑같다오."

이사를 하든, 직업을 바꾸든, 혹은 새로운 짝을 찾든, 당신은 이전 환경에서와 마찬가지로 초조함을 경험할 것이다. 타인과 관련해 우리를 괴롭히는 것은 종종 자신의 그림자의 반영, 즉 판단하고 부끄러워 숨으려고 하는 인정하고 싶지 않은 어떤 성격이다. 그것은 물리적 그림자처럼 내내 우리를 따라다닌다. 우리가 그것을 바라보고 치유하고 용서할 때까지 우리에게 해가 될 것이다.

다른 이의 그림자를 이해하게 되면 그들의 견해에 보다 강해진다. 판단 안에 당신보다 당신을 판단하는 사람에 관해 더 많이 들어있음을 이해하면 그것을 가슴에 새기지 않고 보다 쉽게 흘려버릴 것이다. 자신의 그림자를 이해하면 타인에 대한 불친절한 판단이 줄어든다.

이번 주에는 자신의 판단 뿐 아니라 판단과 비난에 반응하는 자신의 방식을 관찰하여라. 작가이자 연설가인 램 다스Ram Dass의 충고를 따라보아라. 자신이 누군가에 대해 투덜대고 있음을 알아차리면 그 투사를 받아들이고 말하라. "그런데 나도 똑같지, 뭐."

43
소문에 귀를 막아라

1980년대에 보육원 직원의 아동 학대에 관한 고소가 결국 추악한 마녀 사냥으로 판명되었을 때 우리는 소문이 만들 수 있는 해악을 직접 경험하였다. 소문은 들불처럼 번지며 흔히 그렇듯 이 사람에게서 저 사람으로 전해지면서 과장되고 왜곡된다.

만약 어릴 적에 "귓속말로 전달하기" 놀이를 해보았다면 간단한 내용조차 그 의미가 상실된다는 사실을 기억할 것이다. 마지막 내용은 정말 황당하고 웃겼다. 하지만 현실에서 그러한 왜곡은 전혀 우습지 않다. 스캔들은 결과적으로 죄가 없고 결백이 증명된 사람을 내내 따라 다닌다. 그들은 소문 때문에 회복할 수 없는 상처를 입는다.

누군가에 대한 흠이나 흥미로운 소문을 들으면 무시하기가 어렵다. "막대기와 돌은 나의 뼈를 부러뜨리지만 말은 절대로 나를 해치지 못한다"는 말은 아이들에게 잘못된 메시지를 전달한다. 현실에서 부러진 뼈는 곧 낫지만 명예가 회복되는 데는 훨씬 더 많은 시간이 걸린다.

나에게는 마음이 따뜻하지만 소문 중독자인 친구가 있다. 그녀는 한 사람과 친해지기 위하여 다른 사람에 대한 정보를 전달하는 나쁜 습관을 가지고 있다. 결과적으로 그녀에게는 피상적인 친구는 많지만 믿음이 가지 않으므로 가까운 이는 거의 없다. 만약 어떤 사람이 다른 친구의 생활에 대한 세세한 이야기를 당신에게 전했다면 당신은 그 사람이 같은 식으로 당신의 믿음을 배반할 거라고 여길 것이다.

30년 동안 토요일마다 카드놀이를 한 세 여자에 관한 이야기가 있다. 하루는 마르타가 친구들에게 말한다. "우리는 참으로 오랫동안 함께 했어. 그래서 너희들에게 나의 가장 어두운 비밀을 이야기하려고 해. 사실 나는 색정광이야. 하지만 걱정 마, 너희들의 남편은 안전해."

준은 그 정직함에 용감해져서 그 다음으로 말했다. "정말 다행이네. 다들 진실을 말하니까 말인데 나는 FBI의 비밀 요원이야."

사라가 말한다. "정말 고마워. 내 비밀은 내가 수다쟁이라는 거야, 미안하지만 이제 일어날게. 몇 군데 전화할 데가 생겼거든."

모든 종교가 소문을 윤리적으로 금기한다. 불교에서 그것은 "바른 말" 수련으로 존중과 자비의 초석 중 하나이다. 불행히도 우리는 바른 말을 잃어버린 문화에 살고 있다. 흥미위주의 쓰레기 같은 말이 흔한

오락이 되었다. 우리는 영화배우에서 정치인까지 그들의 가장 불쾌하고 가장 내밀한 사생활로 에워싸여 있다. 더 저질스럽고 더 타락할수록 더 즐긴다. 린다 트립이 자신의 친구 모니카 르윈스키의 믿음을 배신했을 때 대부분의 사람들은 그녀의 행동이 비난받을 만하다고 생각했다. 그것은 트립이 대통령 섹스 스캔들의 등장인물 중 가장 유감스러운 인물이 될 정도의 충격적인 배신이었다.

우정의 신성함은 자신의 마음을 완전히 열어 보이고 그것이 보호될 것이라는 안전함에 좌우된다. 좋은 친구는 힘든 시기에 은신처가 될 수 있는 나무이며 기쁨과 성장의 근원이다. 친구는 내면의 평화가 자라는 내시이나. 당신의 가장 어두운 비밀을 들어도 당신을 사랑하고 희망과 두려움에 관해 믿을 수 있는 친구를 갖는다는 것은 특별한 은총이다. 비밀을 털어놓을 수 있는 힘은 불안과 스트레스를 감소시킬 뿐 아니라 심장병을 막아주고 면역성을 강화시키며 암에 대한 투쟁을 돕는다.

이번 주 동안은 어떤 형태라도 소문을 막음으로써 우정을 더 깊게 하여라. 바른 말을 연습하여라. 할머니들이 말씀하시듯 누군가에 대하여 좋은 말을 하지 않으려면 입을 다물어라. 어떤 이가 누군가에 대해 당신이 알아야 되는 이상을 말하면 별로 듣고 싶지 않다고 말하라. 모든 인간은 다른 사람이 생각하는 모습으로가 아니라 그들 그대로의 모습으로 존중과 친절을 받을 가치가 있다.

44
진정한 자아의 힘에 닿아라

너도 나도 진정한 자아 이야기를 한다. 그런데 우리에게는 많은 자아가 있으므로 진정한 자아가 무엇인지 알아내는 게 문제다. 나는 어머니이자 아내이며 작가이자 강사, 과학자, 심리학자, 연민이 많은 사람이자 좋은 친구이다. 부정적인 면에서 보면 기분이 언짢고 우울하고 두렵거나 피곤할 때 나타날 수 있는 그릇된 자아도 많이 가지고 있다. 순교자, 완벽주의자, 불평가, 다른 사람을 기쁘게 하려는 사람, 비판자, 우두머리 등이 그것이다. 또한 하늘이 무너진다고 주장하는 비관주의의 여왕도 있다. 이 중 어느 것이 나의 진정한 자아인가.

나는 애리조나 투손의 미라벨 온천에서 진정한 자아에 대한 교훈을 얻었다. 2001년 겨울, 친구인 체릴 리차드슨과 나는 그곳에서 약 70명의 남여 집단을 대상으로 자신의 삶을 위한 시간을 가져라Take Time for Your Life는 주제로 모임을 진행하고 있었다. 오후에는 자유롭게 그곳의 특별프로그램을 체험할 수 있었는데 몇몇 사람들은 말 체험Equine Experience이라는 것을 좋아했다. 그들은 말은 당신이 진정 누구인지를 보여주는 거울과 같았다고 하였다. 어떤 이들에게 그 경험은 일생일대의 소중한 경험이 되었다. 호기심이 생긴 체릴과 나는 남편과 함께 등록을 했다.

담당 말지기는 와트 웹이었다. 우리가 해야 하는 첫 번 째 일은 자신에게 할당된 말의 발굽을 청소하는 것이었다. 나는 실망하였다. 남편과 나는 30대 동안 두 마리의 씩씩한 암말을 가지고 있어서 발굽 청소 경험이 있었으므로 그것이 나의 인격에 서광을 비출지 기대할 수 없었다. 하지만 말이 사람의 정서와 의도를 비춰주면서 에너지에 반응한다는이야기를 듣고나니 와트가 무척 지혜로운 사람이라는 생각이 들었다. 어떤 일이 펼쳐질지 궁금해진 나는 판단을 내보내버렸다.

와트는 청소 중에 어떤 일이 일어나든지 말에 관해 이야기를 만들어내지 말라고 경고하였다. 고집을 피워 발굽을 드는 걸 거부하는 듯해도 그것은 고집을 피우고 있는 것이 아니었다. 오히려 우리가 자신의 진정한 자아로부터 나오지 않고 있었다. 여전히 나는 요리조리 달아나는 자아가 무엇인지 알 수가 없었다. 우리는 안전에 관한 몇 가지 정보와 충고, "만약 당신이 하고 있는 방법이 먹히지 않는다면 다른 방법을 시도해라. 그것도 잘 안되면 도움을 청하라"는 말을 듣고 말굽 쑤시개를 받고 흩어졌다.

나는 확신이라는 부품 세 개와 불안이라는 부품 두 개를 가지고 말에게 다가갔다. 말굽 쑤시개를 만져본지 20년이 다 되었지만 말이 뒷발굽을 들어주자 일이 잘 되어 간다고 느꼈다. 하지만 앞발굽은 이야기가 달랐다. 나는 말에게 왼쪽 다리를 들어 올리라는 단서를 주려고 힘줄을 꼬집었다. 아무 변화도 없었다. 조금 더 세게 꼬집었다. 그래도 꿈쩍도 안 했다. 나는 태연한 척 말의 다른 편으로 가서 다시 해보았지만 아무 소용이 없었다. 그래서 나는 도움을 청했다.

존이란 이름의 말지기가 건너왔다. 그는 말 뿐 아니라 사람도 이해했다. "기분이 어떠세요?"라고 그가 다정하게 물었다.

"좌절감을 좀 느꼈어요"라고 나는 스스럼없이 말했다. 나는 다시 하면 더 잘 할 거라고 생각했다. 그런데 혹시 나 혼자만 그 일을 잘하지 못한다면 어떡하지? 그건 정말 참기 어려운데.

이 분 만에 존은 나의 그릇된 자아 몇 가지를 지적하였다. 완벽주의자는 20년 전에 말을 길러보았다는 것을 지금도 전문가 자격이 있다고 생각하였다. 사람들을 기쁘게 하는 이는 다른 사람들이 나를 좋게 생각하도록 일을 잘 해야지 라고 생각하며 염려하였다. 존은 그러한 그릇된 자아들과 그것들이 발생시킨 명백한 불안으로 인해 말은 두 발굽을 줄 수 없었을 거라고 말했다. 그들은 의도가 평화롭고 명백해야 반응한다. 내게서 발생하고 있었던 정서적 동요는 분명한 의사소통의 형태가 아니었다.

존은 작대기를 집어서 흙에다 선을 그었다. "이것은 리오 그란데 강Rio Grande River입니다. 한 편에는 당신의 그릇된 자아—조안은 완벽주의자이고, 다른 사람을 기쁘게 하는 자—가 있습니다. 다른 편에는 진정한 조안이 있지요. 그것이 이 말이 반응하게 될 유일한 자아입니다."

존은 다른 사람을 도와주러 갔고, 나는 내가 어떻게 그 강을 건너서 분명하고, 평화롭고, 현재에 존재하는 조안이 될 수 있을까 생각하였다. 나는 몇 번 깊은 숨을 쉬고는 사랑이야말로 그 순간으로 들어가는 좋은 방법이라고 결론지었다. 내가 말에게 애정을 보여준다면 소통이 더 잘 될 것이다. 나는 말의 고무 같은 입술에 코를 비비고 귀 뒤를 긁어주었다. 말의 양 어깨 뼈 사이를 쓰다듬어주고 안심하라고 속삭였다. 그런 후 발굽을 들려고 하였다. 움직이지 않았다. 말의 다리에 지구 중심까지 뻗어나간 뿌리가 달린 듯 느껴졌다. 말은 그 자리에서 꼼짝도 안 했다.

도움이 더 필요하였다. 엘렌이라는 말쑥한 말지기가 미소를 머금고 건너왔다. 그녀는 분명 이 장면을 보았고 이렇게 말했다. "그러니까, 조안, 당신은 수다를 떨어서 자신이 원하는 것을 얻는데 익숙해져 있나요?" 나는 그녀의 지적에 동의를 하면서 웃음을 터뜨렸다. "말에게는 수다를 떨 수가 없어요. 말은 그런 데 관심 없어요. 말은 당신의 분명한 의도에만 반응할 겁니다. 뒤로 가서 너 댓 번 심호흡을 하세요.

자신에게 집중하세요. 당신이 이 말에게 원하는 것이 무엇인지 명확하게 생각한 후 가서 다리를 들어보세요"라고 그녀가 말했다.

감이 왔다. 나는 뒤편으로 가서 내면의 평화를 바라면서 복부 호흡을 몇 번 하였다. 그곳에 그릇된 자아는 없다. 사람들을 기쁘게 하는 자, 완벽주의자 등 인격의 다른 부분은 강 저편에 살고 있다. 내가 원하는 것은 오직 말이 다리를 드는 것이라고 생각하였다. 나의 의도는 분명하였다. 나는 나의 네 발 달린 스승에게로 걸어가서, 다리를 들고, 발굽을 청소하였다. 인생처럼 그것은 단순하였지만 처음부터 그렇지는 않았다.

발굽을 청소한 후 우리는 말을 경기장 주위로 끌고 와야 했다. 이번에는 내가 무엇을 할지, 말이 무엇을 해야 할지를 알았다. 그는 내가 안다는 사실을 알았고 우리는 완벽하게 소통하였다. 나는 이 작은 승리를 경험하고 진정한 자아의 주도권을 잡는 이러한 지혜가 삶의 다른 영역에도 도움이 될 것임을 느꼈다.

몇 주 후 다른 여행 중에 가방의 지퍼가 고장 났다. 나는 밀었다 당겼다 씨름을 하였다. 이제 모든 짐을 베갯잇에 넣는 수밖에 없다고 생각하기 시작했다. 그릇된 자아의 행진이 나의 정신적인 풍경 속으로 걸어 들어왔다. 완벽주의자는 다른 가방을 가져왔어야 되었다며 나를 나무랐다. 나는 지퍼를 고쳐야 된다는 사실을 알았었다. 사람들을 기쁘게 하는 자는 베갯잇에 물건을 집어넣으면 바보같이 보일까 걱정하였다. 희생자는 그 악마 같은 가방을 옆에 두고서 호텔 방에 처박혀 스스로에게 연민을 느끼고 있었다.

나는 지퍼가 말의 등인 것처럼 여겨보았다. 올라타서 복부 호흡을 몇 번 하면서 집중하고 나의 의도를 생각하였다. 지퍼가 열렸다. 놀랍게도, 정말 그렇게 되었다.

이번 주에는 당신이 사람, 동물, 그리고 심지어 지퍼와 같은 무생물과의 의사소통에 접근하는 방식을 살펴보아라. 의도가 분명한가? 의도대로 되지 않으면 그릇된 자아가 나타나 당신의 머릿속에서 말하기 시작하는가? 그릇된 자아를 쫓아내기보다는 깊게 호흡을 한 다음 평화와 힘으로써 진정한 자아 속으로 들어가라. 중심을 발견하고 당신이 소통하고 있는 것에 대해 분명해져라. 말과 같이 동물들만 당신의 에너지를 알아챌 수 있는 것은 아니다. 사람들도 마찬가지이다. 말과 행동이 내면의 느낌과 일치될 때 에너지는 힘을 가지며 일관성이 있다. 당신은 평화스럽고 명확한 상태에서 놀라운 일을 해낼 수 있다.

45
경청하라

당신이 다른 사람에게 줄 수 있는 가장 위대한 선물 한 가지는 이야기를 들어주는 것이다. 이러한 단순한 친절이 그들의 생각이나 감정과 공유할 기회를 주며 우리 자신에 대하여 더 알게 하고 보다 강한 자아를 발달시킨다. 정서적 건강의 토대는 아기였을 때 보살펴 준 사람의 애정어린 관심이다. 음식과 잠자리는 제공되지만 정서와 말에 대한 반응을 받지 못하는 시설에 있는 유아들에게는 흔히 성장 장애가 생긴다. 신체적으로 성장이 지체되고 정서적으로 경직된다.

하지만 타인의 반응을 받을 필요성이 어린 시절에만 국한되는 것은 아니다. 그것은 강력한 정서적 동력이다. 성인이 되어 언어로써 소통할 수 있다는 것은 마음뿐 아니라 몸에도 영향을 미친다. 남부 감리 대학교의 심리학자인 제임스 페네베커James Pennebaker의 흥미로운 실험에 의하면 샤워 커튼 뒤에서 자신의 감정을 표현할 경우 면역계가 더 강화되었다. 비닐 시트에다가 이야기 하는 것이 이토록 유익하다면 살아있는 사랑하는 경청자가 줄 수 있는 영향은 두 말 할 필요도 없다.

나는 치료사가 되기 위한 수련 과정 중에 재미있는 훈련을 받았다. 한 사람은 내담자 한 사람은 치료사 역할을 맡았다. 내담자가 20분 동안 이야기를 하면 치료사는 방해하지 않고 집중하여 들어야 했다. 뭔가를 말하고 싶은 충동이 생길 때마다 그 충동 뒤에 무엇이 있는지 스스로에게 물어보라는 교육을 받았다. 공감의 말을 하려는 걸까, 조언을 하려는 걸까, 통찰을 함께 하려는 걸까, 아니면 명확히 하거나 더 많은 정보를 얻으려는 걸까?

끼어들려는 충동은 흔히 화자에게 흥미를 느끼고 있음을 확인시키려는 욕망에서 나온다는 것을 알았다. 다른 경우는 그냥 이야기하고 싶거나 영리하고 강력하게 보이려는 것이었다. 혹은 자신의 불안을 덜려는 것이었다. 물론 이러한 것은 치료사의 역할이 아니다. 전반적으로 우리는 내담자를 방해하려는 충동은 대부분 잘라내는 게 낫다고 결론지었다.

방해받지 않으면서 이야기하는 경험은 정말 멋졌다. 나의 동료들은 거의 만장일치로 말하지 않는 경청자로부터 수용되고 이해받는다는 느낌을 받았다고 보고하였다. 그들은 계속 말할 수 있었기 때문에 깊고 놀라운 통찰이 드러날 기회를 가질 수 있었다. 중단되거나 방향이 바뀌지 않고 귀하고 가치 있는 느낌과 지각의 수준으로 들어갔다. 언어적 반응이 없다고 해서 무시당한다고 느낀 사람은 없었다. 우리는 이해받았다.

듣기는 강력한 의사소통 형태이다. 입이 가만히 있는 동안 가슴은 당신이 얼마나 관심을 가지는지 많은 이야기를 할 수 있다. 나는 죽어가고 있는 이들 곁에 있을 때 이것을 배웠다. 처음에는 뭔가 위로하거나 현명한 말을 해야 할 것 같은 느낌이 든다. 때때로 자신의 불안을 덜어내려고 재잘댄다. 마침내 그냥 곁에 조용히 앉아 있는 것도—그들이 이야기를 하고 있지 않을 때라도—한 가지 듣는 방법임을 깨달았다. 말없이 지켜봄으로써 당신은 사랑의 가장 심오한 표현 중의 하나인 안전한 공간이 되는 것이다.

경청은 이 바쁜 세상에서 흔치 않은 기술이다. 장례식의 조문객에 관한 통찰력 있는 만화가 생각난다. 제목은 다음과 같다: “얼마나 상심이 되십니까? 자, 이제 우리 문제로 돌아갑시다.” 나는 그런 류의 자기-열중으로 여러 번 죄의식을 느꼈다. 내가 바쁘면 바쁠수록 나는 그것에 대해 방어할 필요가 많아진다. 이 책을 쓰고 있는 동안 마감시간에 대한 압박감이 들어 나와 이야기하기를 바라는 사람이 있는데도 쇠가 자석으로 당겨지듯 컴퓨터 앞으로 돌아갔다.

하고 있는 일을 다 그만두고 관심을 바라는 모든 이에게 귀를 기울일 수는 없지만 언제 시간이 나는지 이야기하는 예의는 갖출 수 있다.

논문을 읽고 컴퓨터 작업을 하고 TV를 보면서 듣는 체하는 것보다는 그것이 훨씬 더 친절한 반응이다. 진심을 다해 듣고 있지 않으면서 "아, 그래"라고 반응하는 습관은 그 사람을 무시하고 존중하지 않는 것이다. 나는 남편 쿠르트가 자기 말을 듣지 않는다고 투덜대면 결국 그러한 행동이 사랑에 해가 되리라는 것을 알기에 그의 불평을 진지하게 받아들인다.

이번 주에는 좋은 경청자가 되어보아라. 그들이 자신을 완전히 표현하고 난 후에 그들을 더 잘 이해하기 위한 질문을 하여라. 상사가 해고 이야기를 꺼냈을 때 그들은 어떤 기분이었을까? 어떤 생각이 오갔을까? 당신이 더 많은 생각과 정서 표현을 이끌어내는 질문을 할 때, 마침내 당신은 자신이 신성한 땅에 있음을 알게 된다. 당신과 그 사람은 둘 다 혼자서는 가질 수 없었던 놀라운 통찰을 갖게 될 것이다. 그것이 바로 경청의 기적이다.

46
솔직하게 소통하라

몇 년 전 동료 의사 한 사람이 어떤 경우에도 윤색이나 회피를 하지 않는 진실 실험을 시도해보았다. 그와 그의 아내가 소통을 향상시키고 친밀감을 쌓기 위한 한 방법으로 그렇게 하기로 약속했던 것이다. 진실만을 이야기하는 것은 마침내 그가 맺는 모든 관계로 널리 퍼지게 되었다.

"잭"은 예전에 과장하고 회피하는 걸 즐겼다. 그는 재미있는 사람이었지만 유머를 사용하면서 거리를 유지했다. "연구는 어떻게 되어가니?"라고 물으면 "너무 잘되고 있지. 분명 노벨상을 탈거야"라고 대답하였다. 그의 대답에는 실제로 어떤 정보도 들어있지 않았다. 그냥 질문을 한 사람을 무시하는 유쾌한 놀이였다.

잭은 진실 실험 덕분에 세심하고 사려 깊은 사람이 되었다. 그는 이제는 다음과 같이 대답한다. "글쎄, 사실 원하는 것보다는 진행이 느려. 어제 우리 모든 겔이 무너졌는데 이유를 모르겠어. 좀 실망하긴 했어도 전반적으로 결과는 고무적이야. 우리는 칼슘 통로의 작용에 대해 점점 더 많이 알아내고 있거든. 2월에 전반적인 작업이 완성되면 중요한 논문을 쓸 수 있을 만큼 자료가 쌓일 거야." 이런 식의 대답은 질문을 존중하는 것이며 연구에 대한 자신의 감정과 진행에 관한 중요한 정보를 밝힘으로써 친밀감을 형성한다.

그 연구 팀은 차츰 잭을 알아 가면서 그를 진정으로 좋아하게 되었다. 예전의 잭은 유쾌하긴 했지만 관계가 소원했던 동료였다. 하루는 그가 생각에 잠긴 표정으로 복도에서 나를 불러 세웠다. 냉랭한 기운을 느낀 나는 왜 기분이 상했는지 물어보았다. 그는 아니라며 고개를 세게 흔들다가 자세를 바로하고 내 눈을 바라보았다. 잭은 불편하지만 어쨌든 정직하고 싶어 했다. "사실 나는 기분이 상했어. 당신이 계속 인사도 안하고 지나쳐서 나를 무시한다고 느꼈거든"이라고 말했다.

나는 몹시 놀랐다. 그가 그런 것에 신경 쓸 줄을 몰랐다. 게다가 나는 이 일 저 일로 분주하여 정신을 놓고 다니는 상황이었다. 아마 복도에 코뿔소가 나타나도 지나쳤을 것이다. 내가 그렇게 설명을 하자 잭은 편안해했다. 서로를 안 2년 동안 그는 내가 자기를 좋아하지 않는다고 믿고 있었다.

그러고 나서 우리는 좀 더 깊은 대화를 나누었다. 나는 그의 유머를 즐기면서도 최근까지 그가 어떤 사람인지 실제로 몰랐으며 그와 함께 있으면 약간 불편했음을 인정하였다. 그 순간 두 가지 중요한 일이 일어났다. 먼저, 우리는 우정을 향해 한 걸음 나아갔다. 둘째로, 나의 지나친 집중이 유머로써 무시하는 그의 버릇만큼 관계를 소원하게 할 수 있음을 알게 되었다. 나는 사람들에게 의도적으로 인사를 하기 시작하였고 모든 관계가 더욱 따스하게 되었다.

단기적으로 보자면 불유쾌한 진실을 피하는 것이 쉬우나 장기적으로는 진실을 나누는 소통이 성장과 변화를 일으킨다. 인간관계에 관한 많은 저서를 집필한 심리학자 게이와 카트린 헨드릭스Gay & Kathleen Hendricks는 "비난 없는 진실"을 말하는 것의 장점을 강조한다. 잭과 나의 경우처럼 작은 비난들이 모여 화가 되도록 내버려두기보다는 벽을 쌓기 전에 그것들을 언급하는 것이다.

비난 없는 진실의 기술은 친절이다. 우리들 대부분은 상대방의 성격을 공격하기 보다는 그 사람의 행동과 그것 때문에 당신이 받은 느낌을 이야기하는 것이 더 낫다는 것을 잘 알고 있다. 잭은 나를 무감각하고 잘난 체 하는 사람이라고 단정짓지 않고 내가 그를 무시할 때 기분이 어떠했는지를 이야기했다. "이봐요, 내가 화분에 심겨진 풀인가요?"와 같이 웃기려는 말은 비난과 비판을 전하고 평화와 협력이 아니라 거리감과 원망을 낳는다. 잭은 나의 자아에 솔직하게 호소함으로써 내가 이를 자각하도록 해주었다.

비난 없이 진실을 말하는 것은 간단해 보이나 바쁘고 초조할 때는 자아가 잠시 자리를 비울지 모른다. 당신의 빈정거림, 상처, 분노가 소통에 스며들게 내버려두면 다른 사람도 같은 수준으로 다가온다. 결국 다같이 힘들어지고 당신이 갈망하는 협조와 배려, 평화는 멀어진다. 이번 주에는 진실을 말하는 소통에 집중하여라. 만약 당신의 십대 자녀가 온 집에다 옷을 어질러두면 그가 당신의 인생을 망치는 희망 없는 자식이라고 암시하지 말고 비난 없이 진실을 말해보라. 만약 상사가 당신을 무시한다면 비난이나 분노 없이 당신 기분을 간결하게 말하라. 명확한 소통은 친밀감과 내면의 평화를 위한 초석이 된다.

47
지레짐작하지 말라

바쁜 사람은 소통을 하지 않고 쉽게 지레짐작해버린다. 시간이 흐르면서 자신은 다른 사람의 마음을 잘 읽어내므로 물어볼 필요도 없다고 믿게 될 것이다. 직감은 강력한 것이긴 하지만 많은 짐작들이 다 직감에서 나오는 것은 아니다. 많은 경우 당신이 읽는 마음은 당신 자신의 마음일지 모른다.

어느 날 전 남편 쿠르트와 나는 골프를 치던 중 몇 가지 짐작에 걸려 삐걱댔었다. 나는 초보자이고 그는 능숙한 골퍼다. 나는 함께 이완할 수 있는 운동으로 골프를 시작하였다. 골프는 도전적인 운동이지만 나름의 좌절을 제공함으로써 삶의 일상적인 좌절로부터 휴식을 제공하는 몰입이 필요한 운동이다. 내가 타이거 우즈가 되지는 못하겠지만 모래 덫에서 빠져나오는 것은 아주 즉각적인 보상을 제공해줄 수 있다.

우리는 막 한 홀을 돌았다. 두 사람 공 모두 컵에 가뿐하게 자리를 잡았고, 나는 425-야드 파 4에 7점으로 기분이 좋았다. 쿠르트가 허리를 굽혀 공을 줍고 깃발을 다시 꽂는 동안 나는 의기양양하게 카트로 걸어갔다. 그가 공을 들면서 나를 불렀다. "이 공 가지고 가지 않소?"

나는 "아, 나는 당신이 카트로 가져올 거라 생각했어요"라고 말했다.

그는 고개를 흔들었다. "어떤 사람이라도 내가 당신에게 공을 건네주려고 기다리고 있다는 것을 알거요."

우리는 웃음을 터뜨렸다. 우리 둘 다 가정을 했다. 그는 내가 관습적인 행동이 무엇인지 알 거라고, 그리고 나는 그가 공을 카트로 가지고 올 거라고 가정했다. 이후로 그는 나를 지레짐작의 여왕이라는 별명으로 부르곤 한다. 남편도 때로 지레짐작의 왕이 되기도 한다. 흔히 볼 수 있는 이런 성인들을 위한 축제는 없지만 의식하지 못하고 이런 성인을 숭배하는 많은 분주한 이들이 있다.

바빠질수록 우리는 자신의 생각대로 살면서 다른 사람들이 이를 알 거라고 짐작한다. 자신이 그 계획을 알고 있으므로 다들 알고 있을 거라 여긴다. 하지만 유감스럽게도 그것은 뇌에서 입까지 가지 못했을 것이다. 나를 위해 가족 누군가가 마을로 내려가 심부름을 해줄 거라고 생각했다고 하면 그들은 놀라고 언짢아할지 모른다. 내 입장에서는 말이 된다. 나는 주말에 쓸 보고서가 있고 그들은 한가하니까. 당연히 그들은 예견했어야 했다. 생각이 조금이라도 있는 사람이라면 그리 짐작했을 것이다. 분명하게 말하지 않았더라도 그들은 알았어야 하지 않는가.

지레짐작의 왕과 여왕은 독심술사 Morris와 Mary의 친척이다. 이 부부는 그 어떤 의사소통도 필요치 않을 정도로 민감하게 다른 사람들이 그들에게 주파수를 맞추고 있다고 믿는다. 그들은 때로 다음과 같이 불만을 털어놓는다: "내게 관심이 있다면 이것을 알 수 있을 텐데." 당신은 자신의 삶의 사건들로 빈 칸을 채워볼 수 있다: "내 차가 더러우니 당신이 세차를 해주면 좋았을 텐데… 기분이 처지는데 꽃이라도 받았으면 나아졌을 텐데… 제니퍼를 보육원에서 데려와야 되고 나는 장보러 가야 되니…"

지레짐작의 왕과 여왕이 되어 타인이 당신의 마음을 읽을 수 있고 읽어야만 된다고 생각하는 결과는 최악이다. 짜증이 나면서 마음의 평화가 창문 밖으로 달아난다. 누군가가 당신의 마음을 헤아리기를 기대하는 것은 비난의 한 형태이다. 왜 그 사람은 좀 더 사려 깊지 못한 걸까. 그것은 또한 자기-몰입 증세이다. 어떤 건강하고 균형감 있는 사람도 타인의 삶이 그 주위를 돌고 있는 태양이 아니다. 가장 사랑하는 관계에서도 상대방은 자기 나름의 관심사와 꿈과 욕구의 별자리를 가진다. 사랑은 독재가 아니라 무언가를 주고받는 동지애이다.

마음을 헤아리는 법은 간단하다. 꽃을 원하면 그것을 부탁하는 법을 배워라. 장을 보고 아이를 데려오는 것이 힘들다면 배우자에게 한 가지를 부탁하여라. 명확한 의사소통과 솔직한 부탁은 평화를 유지시키며 그 사람을 존중하는 것이다.

이번 주에는 지레짐작으로 마음의 평화를 잃지 않는지 살펴보아라. 의사소통을 명확하게 하기로 결심하라. 바쁜 사람일수록 그들에게 말을 건네기 전에 보다 더 신중해야한다. 만약 그들이 어떤 일에 몰두하고 있어 그냥 건성으로 대답한다면 온전하게 집중해달라고 부드럽게 부탁하라. 이것은 사소해 보여도 자주 의사소통의 걸림돌이 된다. 마음과 가슴이 열려 이성적이고 창조적인 계획을 세우기 전에 두 사람 모두 여기 그리고 지금 이 순간에 존재해야 한다.

48
예의를 지켜라

친절은 삶의 순간순간에 마음을 챙겨 다가갈 때 생겨나며 그럴 때 우리는 주변 사람들의 욕구를 자연스레 알아차리고 그들을 존중하게 된다. 하지만 분주한 삶에서는 흔히 성급함과 걱정으로 집중의 초점이 좁아져 잘 알아차리지 못하고 본시 친절한 사람들까지도 이기주의에 굴복하곤 한다. 그리하여 삶의 달콤함이 사라져버린다. 진정한 본성인 친절이 꽃을 피우고 세상에 평화라는 친절의 씨앗을 뿌리기 위해서는 우선 예의가 필요하다.

무례함이 점점 늘어나고 있고 앞으로 더욱 그럴 것이다. 어느 때인가 나는 덴버 공항행 셔틀 버스를 타야하는 아들을 보울더Boulder에 내려주었다. 추운 날씨라 우리는 버스가 멈추기로 되어있는 호텔 로비에서 기다렸다. 새 직장을 구하러 다니는 중이라는 전문 기술자인 듯한 승객이 우리와 함께 기다렸다. 그는 바퀴 달린 검은 가방을 두 개 가지고 있었는데, 하나에는 불룩한 컴퓨터 가방이 올려져있었다. 버스가 오자 우리는 문 쪽으로 향했다.

나와 아들은 오른 쪽으로 갔고, 그는 왼쪽 문으로 갔다. 내가 아들을 위해 문을 잡고 있다가 놓았을 때 그만 문이 그의 얼굴을 쳤다. 그가 방향을 바꾸어 우리 쪽으로 왔던 것이다. 나는 너무 미안해서 사과도 제대로 못했다.

그 남자는 철학적으로 말했다. "괜찮습니다. 나는 아직 살아 있어요. 자주 이런 일이 일어나는데요, 뭘." 그게 문제다—그 남자의 말이 맞다.

몇 년 전 한 치유 모임에서 어떤 사람이 그 다음 강연이 시작되기 전 황급히 연단으로 올라갔다: "우리는 치유를 배우려고 여기에 왔습니다. 그리고 치유에는 친절과 관심이 필요합니다. 여러분 중 두 명이 방금 뒤에 누가 오는지 보지 않고 문을 열고 들어왔어요. 그 문이 한 어르신을 넘어뜨렸어요. 서로를 보살피지 못할 정도로 바쁘다면 이 모임에 참석할 필요가 없지요."

바쁠수록 우리는 타인에 대한 관심이 줄고 더 초조해지고 잘 배려하지 않는다. 이것은 타인에게만 해당되는 것이 아니라 자신의 가족과 동료에게도 그렇다. 직원들의 무례한 행동을 걱정하는 몇몇 회사에서는 회사 분위기를 해치고 직원들의 마음의 평화를 앗아가는 나쁜 행동의 빈도와 형태를 알아보는 "조직 예의 척도Organizational Civility Index"라는 진단 척도를 적용하고 있다.

2000년 판 "직업과 가족에 관한 국가 보고서The National Report on Work & Family"는 노스 캐롤리나 대학교(UNC: University of North Carolina)에서 행한 5년간의 연구 결과를 보여주었다. 조사 대상인 800명 전부가 직장에서의 무례함에 대해 보고하였다. 89%가 문제를 심각하게 평가하였고 75% 이상이 지난 10년 동안 점차 증가하였다고 생각하였다. UNC 연구는 무례한 행동의 결과도 관찰하였다. 조사 대상의 50% 이상이 근무 중에 이미 일어난 일이나 앞으로 일어날 수 있는 일을 걱정했다. 50%는 존중심이 없는 동료를 피하려 직장을 그만둘까 고민하였다. 공격적인 행동에는 얕보기, 괴롭히기, 생색내기, 반항, 정서적 장광설, 무시하기, 상처를 입히는 소문내기, 방해하기, 그리고 귀 기울이지 않기 등이 있다.

야비하고 예의 없는 행동이 점점 더 일상이 되어가고 있다. 슈퍼마켓에서 통로 중앙에 둔 카트로 인해 통행이 불편해지고 덤벼드는 쇼핑객 때문에 옆으로 밀려나는 게 다반사가 되었다. 대부분의 사람들은 이런 것에 신경을 쓰지 않는 듯하다. 사과를 받는 게 유쾌하면서도 도리어 놀라운 일로 되어버렸다. 대부분 사람들은 최선을 다하지만 누구나 때로 무례하게 행동한다. 혹시 사랑하는 사람의 말에 귀를 기울이지 않거나 그들의 의견을 무시하고 생색을 내거나 평정심을 잃고 고함을 지른 적이 없는가.

이번 주에는 예의와 친절함을 기준으로 자신의 행동을 관찰해보아라. 훌륭한 경청자가 되고, 누군가에게 피드백을 청할 경우 그것을 이용하든지 아니면 왜 그러지 못하는지 이유를 말해주어라. 집에서나 직장에서나 모든 사람은 존중받아야 하는 구성원임을 알아야 한다. 요점을 말하기 위해 목청을 돋우고 싶으면 몇 번 심호흡을 하고 열까지 헤아려보아라. 누군가 당신의 면전에서 문을 닫을 경우 당신의 반응에 신중해져라. 퉁명스러운 어조의 감사 표현은 생색을 내고 비꼬는 것이다. 무례함을 더 많은 무례함으로 되갚으면 문제가 커지기만 한다. 밀치는 쇼핑객이나 문으로 치고는 그냥 가버리는 사람들에게 예의바르게 대응하는 법이 있으면 나에게 알려주었으면 좋겠다.

49
사랑을 행하라

바라는 것은 누구나 매한가지다: 사랑받고 사랑하기. 사랑이 주는 깊은 연결감, 가치감, 소속감은 필멸의 인간이 지구상에서 경험하는 천국이다.

우리가 보살핌을 받는 방식은 사랑을 행하는 능력에 크나큰 영향을 끼친다. 아이일 때 존중받고 가치 있다고 느끼는 것은 성인으로서 자애심과 친절함 속에서 성장할 수 있는 기초가 된다. 대다수 사람들은 심리학자가 생각하기에 "충분히 훌륭한" 보살핌을 받는다. 인간은 완벽하지는 않지만 적어도 양심과 다른 사람도 자신만큼 소중하다는 것을 이해하는 능력을 가지고 성장한다. 30대에 이르면 사랑을 방해하는 아이일 때의 상처가 선명해진다. 냉소적이거나 헌신을 두려워할 수 있고 어울리지 않는 친구나 연인에게 계속 몰입하는 위험한 레이다를 가질 수도 있다. 자신을 잘 보살피지 않거나 바람직한 경계선을 설정하는 능력이 결핍되기도 하며 희망을 잃어버리기도 한다.

평화를 원한다면 어찌되었든 자기개념을 수정하고 정서지능을 가르치고 용서하도록 도와주는 자기치유 과정을 거쳐야만 한다. 하지만 모든 사람들이 자신에게 필요한 정서적 치유의 내부 혹은 외부 자원을 지니고 있는 것은 아니다. 또한 어떤 사람들은 더 심한 상처를 받았을 것이다. 어린이 프로그램, 노숙자들의 쉼터, 학대받는 여성의 집 등의 자원봉사 단체를 통해 그러한 사람들을 돕는 것은 두 배로 효과적인 평화의 전략이다. 다른 사람에게 사랑과 치유를 전하면서 자신도 치유할 수 있다.

람 다스Ram Dass는 《어떻게 도울까요?How Can I Help?》란 책에서 내면의 평화가 필요할 때 자신의 시간과 재능을 봉사에 바치는 것이 도움이 된다고 썼다. 게다가 자원봉사는 건강과 수명도 연장시킨다. 많은 회사에는 지역 봉사를 하는 사원들을 위해 휴가를 제공하는 프로그램이 있으며 근무 시간을 자원 봉사 기회로 제공하는 것이 좋은 정책임이 드러났다. 사원들은 자원봉사를 통해 자신의 삶에 의미를 가짐으로써 더 많은 애사심과 직업 만족도를 보고한다. 봉사는 그들에게 사랑을 행동으로 실천할 기회를 준다.

행동하는 사랑에 대한 나의 역할 모델은 로빈 카사르쟌Robin Casarjian

으로 그녀는 죄수들에게 정서에 대한 이해를 가르친다. 우리는 보스턴에서 스트레스 조절 프로그램을 가르칠 때에 만났다. 로빈의 책《용서Forgiveness》가 출판되자 그녀는 지방 교도소로부터 용서를 주제로 한 강연 요청을 받았다. 아침 9시에 700명의 죄수 가운데 120명이 그녀의 용서 강의를 들을 예정이었다. 그녀의 말을 빌리면, 그녀는 "한방 먹었다." 몇몇 죄수들은 용서 강의 이상으로 용서하는 법을 배우고 싶어 했다. 곧 로빈은 일부 교도소에 자기-치유, 용서, 그리고 정서 이해에 관한 주별 프로그램을 제공하였다.

교도소는 재소자의 정서적 상처를 다루는 곳이라기보다는 폭력의 대학원인 셈이다. 약 1600명 이상의 사람들이 매주 과밀화된 교도소로 보내진다. 놀라겠지만 교정 산업은 경제에서 가장 빨리 성장하는 부문이다. 현재 속도라면 이 세기 중반이면 미국 인구의 반 이상이 투옥될 것이다. 이 흐름을 역전시키는 방법은 당연히 아이들을 돕는 데 있다. 유감스럽게도 정부는 이미 심하게 상처를 입은 성인들을 더 가혹한 처벌로써 협박함으로써 역전시킬 수 있다고 생각한다. 폭력은 자기-영속적인 순환이다. 학대받은 아이들이 커서 학대자가 된다.

다른 모든 사람들과 마찬가지로 수감자들도 자신을 삶을 제대로 꾸려가고 과거와 다른 미래를 만들기를 갈망한다. 하지만 사랑과 자기존중이 없다면 변화는 불가능하다. 로빈은 스트레스 조절 기법, 인지적 재구조화, 명상, 역할 놀이, 자기-성찰을 사용하여 수감자들이 자신의 감정을 이해하고 감정을 성숙하고 건설적으로 표현하는 법을 가르친다. 이 프로그램의 핵심은 자신의 행동에 대한 책임을 지는 초석인 용서이다.

로빈은 더 많은 수감자들에게 다가가기 위하여 자신의 프로그램을 책으로 엮었다. 《치유의 집Houses of Healing》은 모든 연방 교도소와 주 교도소에 무료로 배포되었다. 교도소가 폭력의 학교에서 치유의 집으로 변모하기를 바라는 로빈의 꿈이 제목에 드러난다. 이 프로그램을 가르치기를 원하는 사람들을 위해 워크북과 비디오가 있다(www.Lion-heart.org를 참고하라). 치유의 집 프로그램 중 한 짧은 동영상에 어여쁜 아이들이 노는 장면이 나온다. 나레이터인 로빈이 핵심을 찌르는 질문을 던진다: "이렇게 예쁘고 맑은 아이들이 어찌하여 삶의 마지막을 감옥에서 보내게 되는가요?" 사랑의 힘이 없다면 누구라도 그렇게 될 수 있다.

이번 주에는 사랑을 행동으로 바꿀 수 있는 방법을 생각하여라. 사회문제가 한둘이 아니지만 모두가 힘을 모은다면 큰 변화를 일으킬 수 있다. 테레사 수녀는 어떻게 캘커타의 병자 사만명 이상을 돌볼 수 있었느냐는 질문에 만약 그 사람들 모두를 생각했다면 정말 부담스러웠을 거라고 대답하였다. 하지만 그 일은 서서히 이루어졌다. 그녀는 한 번에 한 사람씩 돌보았다. 그녀는 이것을 "한 사람부터" 법칙이라 불렀다. 이것이 바로 사랑이 치유하는 방식이며 누구나 할 수 있는 방식인 것이다.

PART 6

삶의 지혜와 목적을 갖는 법

Inner Peace For Busy People

50
삶의 의미를 찾아라

과거의 의미를 살피고 더 나은 미래를 만들려는 인간의 갈망은 바람과 불만큼이나 자연스러운 힘이다. 사람들은 도처에서—점치는 과자에서부터 운세를 알아보는 전화까지—자신의 삶의 의미를 찾는다. 하지만 행복한 미래를 꿈꾸는 평화로운 사람은 부나 명성 등의 피상적인 갈망 이상으로 더 깊이 들어간다. 우리는 덧없는 존재에 삶의 의미를 부여하는 가치 있는 목적이 있음을 알고 싶어 한다. 의미는 시간을 소중하게 만들고 삶의 폭풍에 무력해지거나 희생되지 않고 고난 가운데 성장하고 헤쳐 나가게 한다.

어려운 상황에서 성장하는 사람과 성장하지 못하는 사람의 중요한 차이는 전자는 자신의 불행에서 긍정적인 의미를 발견하는 능력을 가지고 있다는 것이다. 나는 수련의 생활 동안 그런 과정이 삶의 길을 변화시킬 수 있음을 자주 목격할 수 있었다. 내가 맡은 환자가 의미를 찾도록 도와주려는 열정은 나의 개인적인 비극의 소산이자 비극의 의미를 이해하려는 강력한 욕구였다.

나의 아버지는 내가 암세포 생물학자일 때 돌아가셨다. 아버지의 백혈병 치료제 중 한 가지는 심한 부작용이 있었고 그로 인해 아버지는 제정신이 아닌 상태까지 갔다. 약의 파괴적인 영향으로 아버지는 예전의 다정하고 참을성 있는 분이 아니었다. 마치 아버지의 병든 육체 안으로 낯설고 공격적인 사람이 들어온 것 같았다. 우리는 의사에게 이러한 사실을 이야기하였지만 그 약이 도움이 되므로 계속 복용해야 한다는 무미건조한 대답만 들었을 뿐이었다. 삶의 질은 문제시 되지 않았다.

일 년간의 치료 후 아버지는 수술 준비 때문에 그 약을 잠시 중단하였다. 달콤한 몇 주간 동안 아버지는 다시 예전으로 돌아왔다. 바다에서 폭풍우가 치는 동안 잃어버렸던 아버지의 사랑이 안전하게 항구로 떠내려 온 것 같았다. 아버지와 함께 한 그 짧은 시간은 영혼을 파괴한 그 약이 바로 병든 몸에 생명을 주는 약임을 알았으므로 애절한 것이었다. 아버지는 살기 위하여 다시 그것을 복용해야만 할 것이다.

그 약은 악마의 거래이다. 그것은 진정 부끄러운 일이고, 환자의 가족이 그 끔찍한 상황에 대처하도록 도와주지 못하므로 히포크라테스

선서에 어긋난 것이다. 유명한 백혈병 전문의인 주치의는 혈액 수치를 제외하고는 환자의 모든 것에 무심해 보였다. 그는 정서적, 혹은 영적인 도움을 주지 않았다. 그래서 아버지는 정신이 돌아왔을 때 아주 고통스러운 선택이었음이 분명한 일을 행했다. 어느 더운 구월 아침 아버지는 어머니가 은퇴하여 살고 있던 플로리다의 고층 아파트에서 뛰어내렸다. 그는 다시 그 약을 복용하느니 자기의 목숨을 가져가기로 선택하였다.

어머니를 위로할 길이 없었다. 그녀는 아버지가 자살하려는 것을 왜 몰랐는지 생각하고 또 생각하였다. 어머니는 그 오랜 세월 사랑하였던 남자를 위해 자신의 삶도 버릴 수 있는 분이다. 영혼을 쥐어짜는 죄책감에 시달린 어머니는 은둔자가 되어 친구들과의 교제를 끊어버렸다. 그 비극에서 더 높은 의미를 찾을 수 없었던 어머니는 죽을 때가지 13년 간 스스로 만든 감옥 속에서 살았다.

아버지가 자살할 무렵 나는 암 치료법을 연구하는 의학자였다. 나는 종양 세포의 생물학은 잘 알지만 질병에 대한 인간의 반응에 대해서는 거의 몰랐다. 삶의 질과 삶의 양 사이의 선택은 단지 하나의 학구적인 주제에 불과하였다. 그러던 중 일어난 이 일은 엄청나게 파괴적인 힘으로 본질을 건드렸다.

어머니와 마찬가지로 나도 죄의식에 시달렸다. 나는 의학자로서 아버지에게 의료적 미궁 속에서 안전한 길을 제시할 수 있었을 것이다. 하지만 아버지는 내가 지켜보는 가운데 돌아가셨다. 정말 견디기 힘든 모순이었다. 하지만 시간이 가면서 나는 그 비극에서 보다 높은 의미를 찾기 시작하였다. 아버지의 죽음은 실험실을 떠나 나의 삶을 살도록 한 사건들의 한 고리였다. 나는 항상 마음과 몸의 관계를 연구하고 싶었고 지금 나는 영혼과 의학을 연결시키기를 원한다.

우리 가족의 비극 이후 나는 행동 과학 부문 첫 프로젝트로 암 환자의 심신 모임을 만들었다. 만약 한 가족이라도 우리 가족보다 더 나은 결과를 갖는다면 아버지의 죽음에 의미가 있다고 믿었다. 그 일은 일종의 속죄였다. 나는 내가 보살피는 모든 사람에게서 아버지의 얼굴을 보았다. 고통 받는 배우자에게서 어머니의 얼굴을 보았다. 아버지의 죽음을 실패나 의미 없는 고통이 아닌 소명으로 생각하기 시작하였다. 암에 대항하는 가족들은 수년간 나의 중요한 천직이었다.

인간으로서 그것은 신비롭고 놀라운 일이다. 삶이 축복이 되게끔 의미를 주는 목적은 가장 평화스러운 시기가 아니라 가장 고통스러운 시기에 발견된다. 의미에서 나온 열정은 심리학적 난관돌파나 정서적 대처 전략 이상이다. 그것은 예상 가능한 삶의 곤경을 신성한 추구로 승화시키는 영혼과의 만남이다. 보다 높은 의미에서 나온 행동은 기도가 되고, 목적의 방해물은 고귀한 힘 앞에서 홍해처럼 갈라진다.

이번 주에는 혼자만의 시간을 마련하고 당신 삶을 소설로 써보아라. 이야기는 일어난 사건이라기보다는 그 사건에 부여한 의미임을 잊지 말라. 과거가 지나가면 당신의 이야기는 항상 수정 가능하다. 교정하다revise는 말은 말 그대로 "다시 본다see again"는 의미이다. 당신의 이야기를 영혼에 유익한 관점으로 바라본다면 과거가 어떠하였든 미래는 더 좋은 방향으로 변할 것이다.

51
우선순위를 정하라

삶에 의미와 목적이 충만해도 우선순위를 정하는 것은 어렵다. 자신의 일을 매우 좋아하는 사람이라면 거기에 전심전력할 것이고 이전보다 훨씬 더 바빠질 것이다. 만약 가족, 친구, 자신보다 일이 우선되는 상태를 내버려둔다면 내면의 평화는 빠르게 사라진다.

12단계 회복 프로그램에 참가자들은 간결한 경구를 마음에 새긴다: “먼저 해야 하는 일을 먼저.” 이러한 다짐을 따르면 날마다 밀려드는 책임감의 물결로 인해 삶의 우선순위가 모래 속에 묻히지는 않을 것이다.

출처는 모르지만 우선순위를 유지시키는 것에 관한 이야기를 하나 알고 있다. 그것은 너무 바빠 딸의 댄스 경연대회에 가지 못한 젊은 아버지에게 75세의 노인이 충고하는 이야기다. 그러한 순간은 소중하며 삶을 되돌아볼 때에 반짝이는 것은 바로 그런 것이다. 아이들은 눈 깜빡일 새에 성장하며 댄스 경연과 축구 시합이 있는 시절은 곧 지나가버린다. 당신은 아마 가려고 했겠지만 시간이 없었을 것이다.

그 노인은 자신이 55살이 되어서야 알게 된 것을 이야기하였다. 그는 만약 평균 수명이 75세라고 치면 토요일이 겨우 천 개 남아있음을 깨달았다. 나도 55세였으므로 그 이야기에 귀가 솔깃했다. 나도 20년쯤 더 산다면 약 1,000개의 토요일만 남은 셈이다.

그 노인은 구슬을 천 개 사서 투명한 플라스틱 통에다 넣어두고 토요일마다 하나씩 끄집어내어 버렸다. 구슬이 줄어드는 것을 바라보니 삶이 더 소중하게 생각되었고 우선순위가 보다 분명해졌다. 결론적으로 말해 노인은 자신이 사랑하는 사람들과 더 많은 시간을 가졌다.

노인이 그 바쁜 젊은 아버지와 이런 이야기를 나누었던 아침 그는 마지막 구슬을 끄집어내었다. 노인은 우리 모두는 자신의 구슬을 잃는 중이지만 구슬이 없어지는 것을 보면 삶의 유한성을 더 잘 이해하게 된다면서 말을 마쳤다. 매일이 선물이며 그것은 당연하지 않다. 하지만 우리 모두는 당연하게 여기며 살고 있다.

힌두의 고전 바가바드 기타Bhagavad Gita에서 마부로 위장한 크리슈나 신이 자신이 도와주고 있는 젊은 전사 아르쥬나Arjuna에게 물었다. "세상에서 가장 놀라운 일이 무엇인가요?" 답은 죽음을 부인하는 것이다. 친구와 가족, 유명인들과 모르는 이들의 죽음을 늘 보지만 자신에게도 죽음이 올 거라는 것을 깨닫지 못한다.

나는 이러한 것을 잊지 않기 위해 구슬을 사기로 마음먹었다. 아이들과 가지고 놀았던 고양이 눈처럼 귀엽고 알록달록한 구슬을 사려고 한다. 구슬을 예쁜 유리병에 넣어 식탁위에 두고 바라보면서 매일이 선물임을 기억할 것이다. 하지만 나는 토요일 꺼낸 구슬을 버리지 않고 간직하겠다. 어린 시절을 다시 만끽하기에 늦은 때란 없기 때문이다.

이번 주에는 당신의 세 가지 우선순위를 생각해보아라. 가족과 함께 하는 시간, 친구를 만나는 것, 기도, 야채를 많이 먹는 것, 운동, 혹은 공부가 될 수 있다. 유리병을 구해서 구슬을 넣어라. 천 개가 필요치 않으니 걱정하지 말라. 스물 하나면 된다. 당신의 우선순위 중 하나를 실행하면 구슬을 넣어라. 한 주가 끝날 무렵 만약 스물 한 개가 들어있다면 당신은 세 가지 우선순위를 날마다 실천한 것이다. 만약 스물 한 개보다 적고 우선순위를 실천할 자극이 필요하다면 구슬을 천 개 사서 토요일마다 버리면 된다.

52
믿음을 가져라

학자와 신학자는 인간이 어디에서 왔으며 왜 여기에 있는지, 어디로 가는지, 그곳에는 무슨 일이 일어나는지에 관해 끝없이 이론을 만들어낸다. 하지만 결국 삶의 의미는 믿음의 문제다. 믿음은 쉽게 날개가 찢기는 연약한 새일 수도 있고 당신 위로 높이 날아오르는 독수리일 수도 있다. 믿음은 당신 앞에 놓인 길이 흐릿하고 장애물로 막혀 있을 때도 당신의 여행을 이끌고 평화를 준다. 그렇다면 믿음은 일련의 의견이라기보다는 당신의 길을 찾도록 도와주는 사랑과 안내의 신비한 힘에 복종하는 당신의 의지이다.

병이 들거나 죽음에 직면하는 사람들은 존재론적 질문을 하는 경향이 있기 마련이라 임상 심리학자였던 시절 나는 믿음에 관하여 들을 기회가 많았다. 대부분의 경우 믿음은 의문시되지 않는 종교 교리의 내면화보다 훨씬 더 풍부하면서 매우 사적인 것이었다. 어린 아이가 둘 있고 홉킨스 병을 앓던 30대의 젊은 엄마와의 대화는 믿음에 관하여 많은 것을 가르쳐 주었다. "수잔"은 필사적으로 살고 싶어 했고 자신의 아이들이 자라는 것을 보고 싶어 했다. 그녀는 치료를 위한 모든 것을 해보았다. 유능한 의사에게 치료를 받았고 잘 먹었고 심신 클리닉에 참가했고 침과 약초 치료법을 받으려고 중국 의사와 면담하였다.

"나는 나의 생명과 아이들을 위해 할 수 있는 모든 것을 다 하고 있지만 결과는 신께 달려 있지요. 다른 환자들처럼 나도 낫기를 기도합니다. 하지만 그것이 보다 더 큰 그림의 일부가 아닐 수도 있다는 것을 알고 있습니다. 나는 신이 나의 간청대로 우주를 주관한다고 믿을 만큼 자기애적이지는 않습니다. 나는 삶이든 죽음이든 평화로운 마음으로 신의 계획을 따를 힘과 용기를 기도합니다. 우주는 너무나 크고 장엄하고 상상할 수 있는 이상으로 사랑이 많습니다. 모든 것은 우아하게 나름의 시간에 펼쳐질 것입니다. 그것이 나의 믿음입니다. 내가 병이 들었음을 알고 놀랐을 때 믿음이 내게 위로가 되었습니다."라고 그녀가 말했다.

수잔은 우리 프로그램의 부 책임자인 스티브 마우어러Steve Maurer가 들려주는 믿음에 관한 이야기를 좋아했는데 그것이 수잔의 생각과 거의 같았기 때문이다. 그것은 왕에게 겸손하게 조언을 하는 사람에 관한 이야기이다. 그는 동양의 여러 도시에서 철학을 공부한 사람으로 단순한 법칙의 믿음, "걱정하지 말라. 모든 것은 최선을 향하여 흐른다"에 따라 사는 학자였다.

어느 날 왕이 사냥을 나갔는데 몇 계절 동안 쫓아다녔던 수사슴을 다시 놓쳐버렸다. 왕은 낙담하여 바위에다 자신의 활을 던져 두 조각으로 부수어버렸다. 왕의 조언자는 왕에게 모든 일은 최선을 향해 흐른다고 위로하였다. 왕은 철학자의 공허한 말에 식상하여 그를 감옥에 가두었다. 왕은 "지금 나에게 모든 게 잘 될 것이라고 말해 보아라"라고 도전적으로 말했다.

그 조언자는 고개를 흔들며 미소를 지었다. "곧 아시게 될 것입니다." 그는 추위를 견디려고 자신의 옷자락을 당겨 감옥 돌바닥에 앉으며 그같이 말했다.

왕은 다음 날 다시 혼자 사냥을 나갔다. 잡목 더미를 뛰어 넘던 왕은 말에서 떨어져서 다리가 부러졌다. 갑자기 한 무리의 악한들이 나타나 왕을 붙잡았고 왕은 두려움으로 떨면서 물건을 뺏기고 죽든지, 납치되어 몸값을 받고 풀려날 거라고 생각했다. 하지만 이상하게도 그들은 왕의 부러진 다리를 보고 흥분되어 손짓으로 이야기를 하더니 말을 타고 떠나버렸다.

왕은 고통을 참고 간신히 말에 올라 성으로 돌아왔다. 궁정 의사가 다리를 치료하자마자 왕은 조언자를 감옥에서 꺼내 오라며 화를 냈다. "다리가 부러진 것이 왜 최선인지 말해 보거라"며 자신의 살진 팔로

팔짱을 끼면서 비꼬듯이 협박했다.

"왕이시여, 왜 모든 일이 최선이었는지 자세히 말씀드리겠습니다. 당신을 공격한 이들은 산적이 아니라 자연 신의 숭배자들입니다. 지금은 봄이고 제물을 바치는 시기입니다. 그들은 올 한 해 농작물이 잘 자라고 가축들이 많이 번식하도록 당신을 제물로 바치려고 했습니다. 하지만 다리가 부러져서 당신은 그들에게 소용이 없었습니다. 제물은 흠이 없어야 하니까요."

왕은 그들이 흥분하여 자신의 다리를 가리키던 상황을 기억해냈다. "그건 사실일지 모르지만 네가 감옥에 갇힌 것은 어째서 최선이란 말이더냐?"라고 물었다.

"생각해보십시오. 저는 언제나 폐하와 함께 사냥을 갑니다. 그들은 폐하의 다리가 부러진 것을 보고 대신 저를 끌고 갔을 것입니다. 저는 아마 그들의 신을 위한 제물이 되었겠지요. 그러므로 감옥에 갇힌 것이 저의 목숨을 구하였습니다."

종교가 있든 없든 믿음은 내면의 평화에 주요한 요소이다. 하버드 종교 학교Harvard Divinity School의 제임스 파울러James Fowler는 《믿음의 단계Stages of Faith》라는 책에서 삶의 주기별 심리적 성장에 따라 믿음이 성숙하는 여섯 단계를 찾았다. 믿음은 어린 시절의 흑백논리, 천국과 지옥 단계를 지나, 가족과 동료와 공유하는 종교적 신념을 지나, 우주에서의 자신의 위치에 대한 독립적인 숙고의 단계로 발전한다. 파울러가 보편화된 믿음Universalizing Faith라고 한 마지막 단계는 모든 사람들을 향한 자애로운 존중과 세상을 보다 더 좋은 곳으로 만들려는 결심에 근거한다. 간디, 마틴 루터 킹, 달라이 라마, 랍비 아브라함 헤셸Abraham Heschel, 테레사 수녀는 서로 다른 종교적 교리를 갖고 있으나 사회활동으로써 그것을 표현한 믿음의 최고 단계의 모범이다.

이번 주에는 짬을 내어 영혼의 자서전을 써보아라. 자신의 믿음 단계는 어디인가? 바쁘고 힘들고 심각한 문제가 있을 때 당신의 믿음이 도움이 되는가? 당신에게 위로가 되는가? 믿음이 가져오는 평화의 근원은 무엇인가? 이와 반대로 종교적 믿음의 어떤 부분이 당신을 두렵게 하고 모순되게 보일 수 있는데 그때는 믿음을 다시 생각해볼 때다. 믿음은 잘 달아나며 좇아갈 가치가 있다.

가족이나 친구와 소모임을 만들어 이런 수련을 함께 한다면 서로에게서 많은 것을 배울 수 있다. 내가 촉진자로 참가한 한 세미나에 천주교 신자인 어머니와 딸이 함께 참석하였다. 그들은 소모임 토의에서 자신의 종교에서 서로 완전히 다른 경험을 한다는 것과 믿음의 출발점이 다르다는 사실을 알고 놀라워했다. 그들은 서로의 여행을 비교하면서 서로와 자신의 종교에 대한 존중감이 깊어졌고 풍요로워졌다.

미래를 향한 비전

당신은 이 분주한 세상에서 내면의 평화를 찾고 싶은 마음에서 이 책을 선택했을 것이다. 나 또한 그것을 바란다. 만약 당신의 미래가 과거와 다르기를 갈망한다면 당신은 사회를 변화시키고 세상을 좀 더 살기 좋은 곳으로 만드는 평화를 향한 행진에 동참하는 것이다.

나는 당신이 이 책에 나오는 52가지 방법 중 한 가지에서라도 영감이 일어나고 자신을 되돌아보게 된다면 바로 실천에 옮겨보기를 권한다. 나는 이십 년 이상 개인의 성장 영역에서 활동했으므로 무언가를 배우고 그 가치를 알아도 이내 잊어버리는 경향성에 대해 잘 알고 있다. 나는 당신이 자주 다시 읽어 그 안의 메시지를 삶 속에서 적용해 보기를 바라는 마음에서 의도적으로 길게 쓰지 않았다. 차례를 훑어본 후 가장 관심이 가는 것 다섯 가지 정도만 골라도 좋다. 이것만으로도 새로운 미래를 시작하는 데 손색이 없다.

변화란 갑자기 일어나는 것이 아니다. 작은 걸음이 모여 목적지에 다다르게 된다. 평화를 향하여 뚜벅뚜벅 걸어간다면 상상했던 것 이상으로 더 멋진 곳에 다다를 것이라 확신한다. 긍정적인 변화를 향해 단 한 걸음만 걷더라도 보이지 않는 신성한 에너지가 백배로 당신에게 가 닿을 것이다. 새로운 세상과 멋진 가능성이 활짝 열려 있다. 당신의 삶에 나타나기 시작하는 동시성이 기쁨과 놀라움의 근원이 될 것이다.

이 책을 활용하는 데 있어 내가 가장 추천하는 방법은 친구나 가족과 함께 내면의 평화 모임을 만들라는 것이다. 매주 한 장씩 읽고 이야기를 나누고 지난 주의 실천 사항을 비교해보아라. 마가렛 미드Margaret Meade는 문화의 변화는 법률이나 사회프로그램보다는 가정에서의 소모임에서 비롯된다고 믿었다. 내 생각도 마찬가지다. 새로운 미래를 만들고자 하는 힘은 두서너 명이 좋은 목적으로 모일 때 기하급수적으로 확장된다.

기본을 잊지 말기를 바란다. 호흡하고, 산책할 시간을 가지고, 자신을 돌보고, 좋은 경청자가 되고, 감사함을 실천하고, 용서하고, 의미를 찾고, 마음을 조절하고, 매사를 단순화시키는 법을 배우고, 마음 내키는 대로 친절한 행동을 실천해보는 것이다.

함께라면 세상을 변화시킬 수 있다.